Mini-Sprachkur
SCHWEDISCH

Buch mit Aussprachetraining als MP3-Download
und Vokabeltrainer-App

von
Gesa Füßle

PONS GmbH
Stuttgart

PONS

Mini-Sprachkurs
SCHWEDISCH

von
Gesa Füßle

Auf der Basis von ISBN 978-3-12-561313-3

PONS verpflichtet sich, die passende App zu diesem Buch mindestens bis Ende 2017 bereitzustellen. Ein Anspruch auf Nutzung darüber hinaus besteht nicht.

1. Auflage 2016

Korrektor: Angela Saur
Logoentwurf: Erwin Poell, Heidelberg
Logoüberarbeitung: Sabine Redlin, Ludwigsburg
Titelfoto: Vlado Golub, Stuttgart
Einbandgestaltung: Anne Helbich, Stuttgart
Layout: one pm, Petra Michel, Stuttgart
Satz: Digraf.pl - dtp services
Druck und Bindung: Gmähle-Scheel Print-Medien GmbH, Waiblingen-Hohenacker

ISBN: 978-3-12-562756-7

INHALT

WILLKOMMEN

Sie möchten in kleinen, unterhaltsamen Portionen erste Kenntnisse in Schwedisch erlangen? Der PONS Mini-Sprachkurs führt Sie schnell und sicher in die Sprache ein. So können Sie schon in 5 Stunden ein wenig mitreden.

WIE LERNEN SIE MIT DEM MINI-SPRACHKURS?

In **25 Mini-Lektionen** werden alle wichtigen Themen rund um Urlaub und Alltag auf jeweils vier Seiten behandelt.

Durch die **Übungen** können Sie das Gelernte sofort anwenden und trainieren. Die Lösungen dazu finden Sie jeweils auf der rechten Seite unten.

Die **Aussprache** können Sie mit Hilfe von **MP3-Dateien** trainieren. Diese können Sie hier direkt herunterladen:
www.pons.de/minisprachkurs-schwedisch

Hier finden Sie die Hördateien der Übungen und die Vertonung des Lektionswortschatzes.

Folgende Symbole werden Ihnen im Buch begegnen:

 verweist auf ein Grammatikthema.

 verweist auf die zugehörige MP3-Datei.

 verweist auf interkulturelle Tipps.

Im Anhang des Buches finden Sie

- die **Grammatik**:
  Alle im Kurs behandelten Grammatikthemen werden hier anschaulich erklärt.

- den **Lektionswortschatz**:
  Hier können Sie den thematischen Wortschatz lektionsweise mitlernen.

Diesen finden Sie zusätzlich in einer passenden **Vokabeltrainer-App.** Informationen darüber, wie Sie die App herunterladen können, erhalten Sie ebenfalls **unter www.pons.de/minisprachkurs-schwedisch**.

Noch ein Tipp: Lernen Sie häufig und in kurzen Etappen. Lieber täglich fünfzehn Minuten als nur einmal pro Woche zwei Stunden.

Viel Spaß und Erfolg!

Ihre PONS-Redaktion

AUSSPRACHE →  1

a (lang)	**ma**t (*Essen*)	sehr offenes a, etwa wie o in *Mord*
a (kurz)	**a**fton (*Abend*)	kurzes a, wie in *satt*
b	**b**il (*Auto*)	wie b in *Bär*, immer stimmhaft
c (vor e, i, y, ä, ö)	**c**ykel (*Fahrrad*)	wie ß in *reißen*, immer stimmlos
c (vor a, o, u, å und Konsonant)	**c**amping (*Camping*)	wie k in *Kahn*
d	**d**ag (*Tag*)	wie d in *Delle*, immer stimmhaft
dj	**dj**ur (*Tier*)	wie j in *jeder*
e (lang)	**e**nsam (*einsam*)	wie e in *ewig*
e (kurz)	**e**nkel (*einfach*)	wie e in *eng*
f	**f**ar (*Vater*)	wie f in *Fahrt*
g (vor e, i, j, y, ä, ö)	**g**ift (*verheiratet*)	wie j in *jeder*
g (vor a, o, u, å und Konsonant außer j und n)	**g**anska (*ziemlich*)	wie g in *Gans*, immer stimmhaft
gn	re**gn** (*Regen*)	wie ngn
h	**h**emma (*zu Hause*)	wie h in *Huhn*
hj	**hj**älp (*Hilfe*)	wie j in *jeder*
i (lang)	pol**i**s (*Polizist*)	wie i in *Miete*
i (kurz)	**i**nte (*nicht*)	wie i in *innen*
j	**j**obb (*Arbeit*)	wie j in *jeder*
k (vor e, i, j, y, ä, ö)	**k**öra (*fahren, lenken*)	etwa wie (t)sch in *Rutsche*
k (vor a, o, u, å und Konsonant außer j)	**k**a**k**a (*Kuchen*)	wie k in *Kanne*
l	**l**ampa (*Lampe*)	wie l in *Lampe*
lg	ä**lg** (*Elch*)	wie lj
lj (am Wortanfang)	**lj**us (*Licht*)	wie j in *jeder*

m	**m**at (*Essen*)	wie m in *mit*
n	**n**ej (*nein*)	wie n in *nie*
o (lang)	m**o**r (*Mutter*)	wie u in *Mut*
	ovanlig (*ungewöhnlich*)	wie o in *oben*
o (kurz)	**o**nsdag (*Mittwoch*)	wie u in *und*
	ofta (*oft*)	wie o in *oft*
p	**p**engar (*Geld*)	wie p in *Park*
r	**r**olig (*lustig*)	gerolltes r
rg	a**rg** (*wütend*)	wie rj
s	**s**alt (*Salz*)	wie ß in *reißen*, immer stimmlos
sj, sk (vor e, i, j, y, ä, ö), stj	**sj**u (*sieben*), **sk**ild (*geschie-den*), **stj**ärna (*Stern*)	etwa wie sch in *schon*
sk (vor a, o, u, å und Konsonant außer j)	**sk**og (*Wald*)	wie sk in *Skandal*
t	**t**id (*Zeit*)	wie t in *Tür*
tj	**tj**ugo (*zwanzig*)	etwa wie (t)sch in *Rutsche*
u (lang)	**u**tan (*ohne, sondern*)	geschlossenes ü, etwa wie in *über*
u (kurz)	**u**pp (*hinauf*)	etwa wie ü in *hüpfen*
v	**v**ecka (*Woche*)	wie w in *Wut*, immer stimmhaft
y (lang)	h**y**ra (*mieten*)	wie ü in *über*
y (kurz)	**y**rke (*Beruf*)	wie ü in *hüpfen*
å (lang)	**å**r (*Jahr*)	wie o in *Ohr*
å (kurz)	**å**tta (*acht*)	wie o in *Otter*
ä (lang)	h**ä**r (*hier*)	wie ä in *Räte*
ä (kurz)	**ä**lg (*Elch*)	wie ä in *hätte*
ö (lang)	**ö**ver (*über*)	wie ö in *öde*
ö (kurz)	mj**ö**lk (*Milch*)	wie ö in *Röcke*

1 

In Schweden begrüßt man sich generell mit **hej**. Etwas formeller ist **god dag**; unter Freunden sagt man oft **tjena**. Zur Verabschiedung gebraucht man **hej då**. Obwohl die Sie-Form (**ni**) offiziell noch existiert, spricht man sich mit **du** an. Nur bei der ersten Vorstellung gibt man sich die Hand, ansonsten ist es unüblich, sich per Händedruck zu begrüßen.

Hej	*Hallo*	**Hej då**	*Tschüss*
God dag	*Guten Tag*	**Ha det så bra!**	*Mach's gut!*
God morgon	*Guten Morgen*	**Vi ses!**	*Wir sehen uns!*
God afton	*Guten Abend*	**God natt**	*Gute Nacht*
Tjena	*Hi*		

2

Verbinden Sie die Sätze mit der entsprechenden Antwort.

1. Vad heter du?	___ **A** Jag bor i Stockholm.
2. Varifrån kommer du?	___ **B** Vi ses!
3. Är du från Sverige?	___ **C** Jag kommer från Sverige.
4. Var bor du?	___ **D** Jag heter Sven.
5. God morgon!	___ **E** Nej, jag är från Tyskland.
6. Hej då!	___ **F** Hej!

3 → § 4

Im Schwedischen sieht das Verb im Präsens in jeder Person gleich aus und endet auf **-r**. Der Infinitiv endet in der Regel auf **-a**.

vara	*sein*	jag **är**	*ich bin*
		du **är**	*du bist*
komma	*kommen*	jag **kommer**	*ich komme*
		du **kommer**	*du kommst*
heta	*heißen*	jag **heter**	*ich heiße*
		du **heter**	*du heißt*
bo	*wohnen*	jag **bor**	*ich wohne*
		du **bor**	*du wohnst*

4

Alma und Sven begrüßen sich. Unterstreichen Sie das richtige Verb.

Alma: Hej! Jag (heter / bor) Alma. Och du?
Sven: Jag (ses / heter) Sven. Varifrån (kommer / bor) du?
Alma: Jag (kommer / heter) från Tyskland. Var (bor / heter) du?
Sven: Jag (kommer / bor) i Stockholm, men jag (kommer / bor) från Göteborg.
Alma: Jag (bor / ses) också i Stockholm.

LÖSUNG

2 1D; 2C; 3E; 4A; 5F; 6B • **4** heter; heter; kommer; kommer; bor; bor; kommer; bor

Folgende Dialoge zeigen Ihnen, wie man sich nach dem Wohnort und dem Heimatland einer Person erkundigt.

Varifrån kommer du? – Jag kommer från Sverige.

Woher kommst du? – Ich komme aus Schweden.

Och du? – Jag är från Tyskland.

Und du? – Ich bin aus Deutschland.

Var bor du? – Jag bor i Malmö.

Wo wohnst du? – Ich wohne in Malmö.

Var ligger det? – Det ligger i södra Sverige.

Wo liegt das? – Das liegt in Südschweden.

Bor du i Stockholm? – Nej, jag bor i Lund.

Wohnst du in Stockholm? – Nein, ich wohne in Lund.

Verbinden Sie die Länder mit ihrer deutschen Entsprechung.

1. Frankrike	___ **A** *Deutschland*
2. Storbritannien	___ **B** *Frankreich*
3. Tyskland	___ **C** *Schweden*
4. Sverige	___ **D** *Dänemark*
5. Danmark	___ **E** *Großbritannien*

7

Lernen Sie, Angaben zu Ihrer Person zu machen.

Jag är gift. *Ich bin verheiratet.*
Jag är ogift. *Ich bin ledig.*
Jag är skild. *Ich bin geschieden.*
Jag heter Olsson i efternamn. *Ich heiße Olsson mit Nachnamen.*
Jag har ett/två barn. *Ich habe ein Kind/zwei Kinder.*
Jag har inga barn. *Ich habe keine Kinder.*
Jag pratar tyska och svenska. *Ich spreche Deutsch und Schwedisch.*

8

Setzen Sie das fehlende Wort in die Lücken ein.

1. Vad heter du i efternamn? – Jag ______ Schmidt i efternamn.
2. Varifrån kommer du? – Jag kommer ______ Tyskland.
3. Var bor du? – Jag ______ i Hamburg.
4. Är du gift? – Nej, jag ______ ogift.
5. Har du barn? – Ja, jag har ett ______.
6. Pratar du svenska? – Ja, jag ______ tyska, engelska och svenska.

LÖSUNG

6 1B; 2E; 3A; 4C; 5D • **8** **1.** heter; **2.** från; **3.** bor; **4.** är; **5.** barn; **6.** pratar

2

Im Schwedischen gibt es zwei Artikel: **en** (Utrum) und **ett** (Neutrum).

Am besten, Sie lernen die Substantive gleich mit ihrem Artikel.

Hier sind einige Wörter, die Ihnen nützlich werden könnten:

en man	*ein Mann*
en kvinna	*eine Frau*
en bror	*ein Bruder*
en syster	*eine Schwester*
en lägenhet	*eine Wohnung*

ett hus

en bil

2

Setzen Sie den richtigen Artikel ein. Achtung! In manchen Fällen bleibt das Feld leer!

1. Bor du i ________ lägenhet? – Nej, jag bor i ________ hus.

2. Bor du i ________ Tyskland? – Nej, jag bor i ________ Sverige.

3. Jag har ________ bil. Och du? – Jag har också ________ bil.

4. Har du ________ syster? – Nej, jag har ________ bror.

Folgende Sätze können Ihnen helfen, wenn Sie etwas nicht verstehen. So können Sie noch mehr erfahren.

Förlåt! *Entschuldigung!*
Jag har en fråga. *Ich habe eine Frage.*
Vad är det? *Was ist das?*
Vem är det? *Wer ist das?*
Jag vet inte. *Ich weiß nicht.*
Jag förstår inte. *Ich verstehe nicht.*
Tack! *Danke!*

Nur eine Reaktion passt. Welche? Kreuzen Sie an.

1. Vad är det?
- **A** Jag bor i Sverige.
- **B** Tack!
- **C** Det är en bil.

2. Var bor du?
- **A** Jag heter Sven.
- **B** Jag bor i Stockholm.
- **C** Det är en man.

3. Vem är det?
- **A** Det är Hans.
- **B** Det är ett hus.
- **C** Jag har en bil.

4. Vad heter du?
- **A** Förlåt!
- **B** Jag heter Magnus.
- **C** Jag vet inte.

5. Hej!
- **A** God natt!
- **B** Nej!
- **C** Tjena!

6. Varifrån kommer du?
- **A** Jag har en fråga.
- **B** Jag kommer från Sverige.
- **C** Det ligger i Tyskland.

LÖSUNG
2 **1.** en; ett; **2.** -; -; **3.** en; en; **4.** en; en ▪ **4** **1**C; **2**B; **3**A; **4**B; **5**C; **6**B

Im Schwedischen sind die Verwandtschaftsverhältnisse in den meisten Fällen selbsterklärend. So heißt z.B. die *Großmutter mütterlicherseits* **mormor**, also *Muttermutter*.

en mor	*Mutter*
en far	*Vater*
en mormor	*Großmutter (mütterlicherseits)*
en farmor	*Großmutter (väterlicherseits)*
en morfar	*Großvater (mütterlicherseits)*
en farfar	*Großvater (väterlicherseits)*
en moster (mor + syster)	*Tante (mütterlicherseits)*
en faster (far + syster)	*Tante (väterlicherseits)*
en morbror	*Onkel (mütterlicherseits)*
en farbror	*Onkel (väterlicherseits)*
en son	*Sohn*
en dotter	*Tochter*
ett barnbarn	*Enkel(in) (generell)*

Für *Cousin/Cousine* hingegen gibt es nur ein Wort: **en kusin**.

Farbror wird auch für den nicht verwandten *„Onkel"* verwendet.

Ergänzen Sie den Lückentext.

Jag är *(verheiratet)* ____________ och har

två barn, en *(Sohn)* ____________ och en *(Tochter)* ____________.

Min *(Vater)* ____________ har en *(Schwester)* ____________,

min *(Tante väterlicherseits)* ____________ Hanna.

Ergänzen Sie den Stammbaum mit den richtigen Verwandtschaftsbezeichnungen.

1 ______

2 ______

3 ______

4 ______

5 ______

6 ______

jag

7 ______

8 ______

LÖSUNG

6 gift; son; dotter; far; syster; faster • **7** **1.** farfar; **2.** farmor; **3.** morfar; **4.** mormor; **5.** far; **6.** mor; **7.** son; **8.** dotter

1 → § 3.1

Im Schwedischen werden, ähnlich wie im Deutschen, die Adjektive an das Geschlecht der Substantive angepasst. Adjektive werden benötigt, um etwas zu beschreiben. Beschreibt das Adjektiv ein en-Wort, bleibt es unverändert, steht es jedoch mit einem ett-Wort, wird ein **-t** am Wortende ergänzt.

en stor flaska *eine große Flasche*
ett stort hus *ein großes Haus*

Endet das Adjektiv in seiner Grundform auf **-t**, bleibt es im Neutrum in der Regel unverändert.

en svart bil *ein schwarzes Auto*
ett svart hus *ein schwarzes Haus*

2

Bilden Sie die Utrum- und Neutrum-Formen der folgenden Adjektive.

A en tjock bok – ett ____________ papper *(dick)*

B en ____________ kvinna – vackert väder *(schön)*

C en ____________ himmel – klart vatten *(klar)*

D en tråkig fest – ett ____________ kalas *(langweilig)*

E en ____________ man – långt hår *(groß, lang)*

F en kort man – ett ____________ barn *(klein)*

G en ____________ hund – svart hår *(schwarz)*

Auch wenn die Regeln aus Abschnitt 1 meist zutreffen, so gibt es doch einige Ausnahmen, die gesondert gelernt werden müssen. Achten Sie daher bei den unten stehenden Adjektiven besonders auf die Endung! Mehr dazu erfahren Sie im Grammatikteil.

Diese – teilweise unregelmäßigen – Adjektive können Sie für Beschreibungen von Personen und Dingen gebrauchen.

UTRUM	NEUTRUM	
liten	**litet**	*klein*
glad	**glatt**	*fröhlich*
ledsen	**ledset**	*traurig*
blond	**blont**	*blond*
vit	**vitt**	*weiß*
röd	**rött**	*rot*
brun	**brunt**	*braun*
ung	**ungt**	*jung*
gammal	**gammalt**	*alt*

Beschreiben Sie sich selbst. Unterstreichen Sie die Variante, die am ehesten auf Sie zutrifft.

Jag är en (man / kvinna). Mitt hår är (långt / kort). Jag är (lång / kort). Jag är (ung / gammal). Jag är ofta (glad / ledsen).

LÖSUNG

2 A tjockt; B vacker; C klar; D tråkigt; E lång; F kort; G svart

In Schweden ist es inzwischen unüblich geworden, sich mit einem Foto zu bewerben, damit die Bewerber ausschließlich aufgrund ihres Könnens eingestellt werden.

Betrachten Sie die Fotos und beschreiben Sie die Personen. Machen Sie Angaben zur Haarfarbe, zur Frisur und zum Alter. Sehen die Personen fröhlich oder traurig aus?

A Det är en kvinna. Hon har långt blont hår. Hon är ganska ung. Hon ser glad ut.

B Det är ______________________

Han ______________________

____

____

C ______________________

____

____

____

7

Im Schwedischen beantwortet man Fragen ungern mit einem einfachen **ja** oder **nej**. Man bevorzugt **Ja, det är/har/gör jag** *(Ja, das bin/habe/tue ich)* bzw. **Nej, det är/har/gör jag inte** *(Nein, das bin/habe/tue ich nicht)*.

Beantworten Sie die Fragen. Achten Sie darauf, ob Sie mit **vara** *(sein)*, **ha** *(haben)* oder **göra** *(tun)* antworten müssen!

A Hej! Kommer du från Tyskland? – Ja, ______________________.

B Har du svart hår? – Nej, ______________________.

C Är du gift? – Ja, ______________________.

D Är du skild? – Nej, ______________________.

E Bor du i en lägenhet? – Nej, ______________________.

8

Übersetzen Sie und finden Sie das Lösungswort.

alt: _ _ _ _ _ _

lang: _ _ _ _

Kind: _ _ _ _

traurig: _ _ _ _ _ _

Lösungswort: _ _ _ _

LÖSUNG

6 B Det är en man. Han har kort vitt hår. Han är gammal. Han ser ledsen ut. **C** Det är en man. Han har kort svart hår. Han är ung. Han ser glad ut. • **7 A** Ja, det gör jag. **B** Nej, det har jag inte. **C** Ja, det är jag. **D** Nej, det är jag inte. **E** Nej, det gör jag inte. • **8** gammal; lång; barn; ledsen; Lösungswort: glad

Schweden ist ein beliebtes Urlaubsziel der Deutschen. In Südschweden kann man im Sommer sehr viele Deutsche treffen - besonders in **Småland**, das durch die Erzählungen Astrid Lindgrens große Berühmtheit erlangt hat. Umso beliebter macht man sich bei den Einheimischen, wenn man wenigstens ein paar Brocken Schwedisch spricht. Die wichtigsten Floskeln kennen Sie bereits. Berichten Sie jetzt von Ihrem Urlaub!

5

Kära Anna!

Hur står det till? Jag är i Stockholm på semester. Det är fint här och det finns så mycket att se, till exempel Vasamuseet. Vilket stort skepp!

Ha det så bra!
Hälsningar
Birgitta

Die „Vasa" ist ein Kriegsschiff, das 1628 bei seiner Jungfernfahrt in Stockholm sank. 1961 wurde die Vasa vollständig geborgen und konserviert. 1990 wurde das eigens für sie erbaute Museum in Stockholm eröffnet.

Hur står det till?	*Wie geht's?*
Ha det så bra!	*Mach's gut!*
Hälsningar!	*Grüße!*
När ses vi igen?	*Wann sehen wir uns wieder?*

Urlaubsgrüße senden

Hej Lars!

Hur står det till? Vad gör du på semester? Var är du? Jag är på Gotland med en vän och en väninna. Visby är en mycket gammal stad med en stor stadsmur.

När ses vi igen?

Hälsningar

Johan

Finden Sie die korrekte Übersetzung der Fragewörter.

1. hur	___ **A** *welche/r/s*	**4.** när	___ **D** *wer*
2. vad	___ **B** *wann*	**5.** vem	___ **E** *wo*
3. vilken	___ **C** *wie*	**6.** var	___ **F** *was*

LÖSUNG

3 1C; 2F; 3A; 4B; 5D; 6E

Welche Aussagen zu den Postkarten stimmen?

	richtig	falsch
1. Birgitta är i Göteborg.		
2. "Vasa" är ett stort skepp.		
3. Vasamuseet finns i Stockholm.		
4. Johan är på semester med en hund.		
5. Visby ligger på Gotland.		
6. Stockholm har en stor stadsmur.		

5 → § 8.2

Sicher ist Ihnen aufgefallen, dass Fragen im Schwedischen mit umgekehrter Wortfolge gestellt werden – ebenso wie im Deutschen.

Stellen Sie zu den Antworten die passende Frage.

A Var ____________________? – Jag är i Lund.

B Hur ____________________? – Det går bra, tack.

C Vem ____________________? – Det är Kerstin.

D Var ____________________? – Lund ligger i Skåne.

E När ____________________? – Jag kommer i morgon.

F Vad ____________________? – Jag heter Nils.

G Vad ____________________? – Det är en bil.

Das Fragewort **vilken/vilket** *(welche/r/s)* wird wie ein Adjektiv gebeugt. Es richtet sich also in seiner Form nach dem Substantiv, mit dem es steht. Bei einem en-Wort steht **vilken**, bei einem ett-Wort **vilket**.

Vilken/vilket kann auch als Ausruf des Erstaunens gebraucht werden, ebenso wie im Deutschen:

Vilken stor stadsmur! *Was für eine große Stadtmauer!*
Vilket stort skepp! *Was für ein großes Schiff!*

Die folgenden Wörter sollten Sie bereits kennen. Wie fragt man nach ihnen? **Vilken** oder **vilket**?

1. ________ man **2.** ________ flaska

3. ________ skepp **4.** ________ barn

5. ________ kvinna **6.** ________ lägenhet

7. ________ hus **8.** ________ stad

Verlieren Sie nicht den Mut, wenn Sie sich nicht bei allen Wörtern sicher sind. Gehen Sie die vorherigen Lektionen noch einmal durch und wiederholen Sie den Wortschatz.

LÖSUNG

4 1. falsch; **2.** richtig; **3.** richtig; **4.** falsch; **5.** richtig; **6.** falsch • **5 A** Var är du? **B** Hur står det till? **C** Vem är det? **D** Var ligger Lund? **E** När kommer du? **F** Vad heter du? **G** Vad är det? • **7 1.** vilken man; **2.** vilken flaska; **3.** vilket skepp; **4.** vilket barn; **5.** vilken kvinna; **6.** vilken lägenhet; **7.** vilket hus; **8.** vilken stad

In Schweden wird sich sehr viel bedankt, auch in Situationen, in denen ein Deutscher eher ***bitte*** verwenden würde. In der Regel bittet man um etwas, indem man dem Satz ein **tack** hinzufügt. Achten Sie darauf, dass das Wort für *bitte* (**varsågod**) nur verwendet wird, wenn man jemandem etwas gibt.

Bei Mengenangaben benutzen die Schweden häufig die bei uns eher ungebräuchlichen Bezeichnungen **hekto** (100 g) und **deciliter** (100 ml).

 →  6

Hören Sie sich das Gespräch beim Metzger an.

Kund: Kan jag få två hekto köttfärs, tack.

Kunde: Kann ich 200 g Hackfleisch bekommen, bitte?

Försäljare: 20 kronor, tack.

Verkäufer: 20 Kronen, bitte.

Kund: Varsågod.

Kunde: Bitte.

Försäljare: Tack, tack.

Verkäufer: Danke, danke.

Kund: Tack, hejdå.

Kunde: Danke, tschüss.

Hier ist eine Liste der wichtigsten Lebensmittel.

en ost	*Käse*	**en banan**	*Banane*
en korv	*Wurst*	**en choklad**	*Schokolade*
ett bröd	*Brot*	**godis**	*Süßigkeit*
en limpa	*Laib*	**en juice**	*Saft*
smör	*Butter*	**en läsk**	*Limonade*
grönsaker	*Gemüse*	**en mjölk**	*Milch*
en frukt	*Frucht*	**ett paket**	*Paket, Päckchen*
ett äpple	*Apfel*		

Sie gehen einkaufen. Teilen Sie dem Verkäufer mit, was Sie möchten.

Jag tar ett hekto *(Käse)* 1. ________________, *(einen Laib Brot)* 2. ________________, *(eine Flasche Saft)* 3. ________________, *(ein Paket Milch)* 4. ________________, *(eine Banane)* 5. ________________ och *(einen Apfel)* 6. ________________, tack.

LÖSUNG

4 **1.** ost; **2.** en limpa bröd; **3.** en flaska juice; **4.** ett paket mjölk; **5.** en banan; **6.** ett äpple

5 → § 1.2

Im Gegensatz zum unbestimmten Artikel **en/ett**, der vor dem Substantiv steht, wird bei dem bestimmten Artikel **-(e)n/-(e)t** an das Substantiv angehängt.

en bil	*ein Auto*	**bilen**	*das Auto*
en kvinna	*eine Frau*	**kvinnan**	*die Frau*
ett hus	*ein Haus*	**huset**	*das Haus*
ett väder	*ein Wetter*	**vädret**	*das Wetter*

6

Diskutieren Sie mit dem Verkäufer. Folgende Vokabeln können Ihnen dabei helfen:

för	*zu*
billig	*billig*
dyr	*teuer*
färsk	*frisch*
torr	*trocken*

Kund: En limpa bröd, tack.

Försäljare: Varsågod.

Kund: Nej, *(das Brot)* 1. ______________ är för torrt. Det tar jag inte. Jag tar en flaska mjölk.

Försäljare: Varsågod. *(Die Milch)* 2. ______________ är färsk.

Kund: Ja, men *(die Flasche)* 3. ______________ är för dyr. Jag tar ett paket mjölk. *(Das Päckchen)* 4. ______________ är billig.

Anders als im Deutschen wird das Adjektiv in seiner Form auch dann an das Substantiv angepasst, wenn es dahinter (in prädikativer Stellung) steht.

en liten bil	**Bilen är liten.**
ein kleines Auto	*Das Auto ist klein.*
ett stort hus	**Huset är stort.**
ein großes Haus	*Das Haus ist groß.*

Welche Form ist richtig? Kreuzen Sie an.

1. Huset är ...
- **A** liten.
- **B** färsk.
- **C** litet.

2. Bilen är ...
- **A** dyrt.
- **B** gammal.
- **C** stort.

3. Lägenheten är ...
- **A** stor.
- **B** litet.
- **C** billigt.

4. Håret är ...
- **A** ung.
- **B** lång.
- **C** blont.

5. Farfar är ...
- **A** glad.
- **B** ungt.
- **C** gammalt.

6. Barnet är ...
- **A** ung.
- **B** litet.
- **C** torr.

LÖSUNG

6 1. brödet; **2.** Mjölken; **3.** flaskan; **4.** Paketet • **8 1**C; **2**B; **3**A; **4**C; **5**A; **6**B

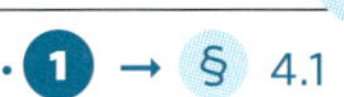

1 → § 4.1

Die schwedischen Personalpronomen werden wie im Deutschen verwendet, allerdings gibt es nur eine einzige Objektform.

Subjekt		Objekt	
jag	*ich*	**mig**	*mir, mich*
du	*du*	**dig**	*dir, dich*
han	*er*	**honom**	*ihm, ihn*
hon	*sie*	**henne**	*ihr, sie*
vi	*wir*	**oss**	*uns*
ni	*ihr*	**er**	*euch*
de [dom]	*sie*	**dem [dom]**	*ihnen, sie*

2

Im Café. Wer bestellt was?

Olof: Hej! Vad skönt att se *(dich)* 1. __________. Vad tar *(du)* 2. __________?

Maria: *(Ich)* 3. __________ tar en kopp kaffe, tack.

Olof: Och *(er)* 4. __________? Är *(er)* 5. __________ med *(dir)* 6. __________?

Maria: Nej, *(ich)* 7. __________ känner *(ihn)* 8. __________ inte. *(Er)* 9. __________ är inte med *(uns)* 10. __________. Men *(sie, Sg.)* 11. __________ där borta tar en kopp te.

Olof: Okej. *(Ich)* 12. __________ är strax tillbaka.

Wie die Verben im Präsens konjugiert werden, können Sie in Lektion 1.3 nachschlagen. Die meisten Verben enden im Präsens auf **-ar** oder **-er**. Hierbei ist ausschlaggebend, ob der ganze Infinitiv den Stamm bildet oder nur ein Teil. Im Wortschatz ist der Stamm durch ein / gekennzeichnet, z.B. bei **komm/a**, dessen Stamm also **komm** heißt. Somit lautet seine Präsensform **kommer**. Zu den Ausnahmen gehören **vill** (von **vilja**, *wollen*), **kan** (von **kunna**, *können*), **ska** (von **skola**, *sollen*, *werden*) und natürlich **är** (von **vara**, *sein*).

Welche Präsensform ist die richtige? Kreuzen Sie an.

1. komm/a
- **A** kom
- **B** kommer
- **C** kommar

2. bo
- **A** bor
- **B** boar
- **C** bo

3. ta
- **A** taer
- **B** tar
- **C** taar

4. prata
- **A** prater
- **B** prat
- **C** pratar

5. het/a
- **A** hetar
- **B** her
- **C** heter

6. vara
- **A** varer
- **B** är
- **C** varar

LÖSUNG

2 1. dig; **2.** du; **3.** Jag; **4.** han; **5.** han; **6.** dig; **7.** jag; **8.** honom; **9.** Han; **10.** oss; **11.** hon; **12.** Jag • **4 1**B; **2**A; **3**B; **4**C; **5**C; **6**B

en ostfralla

en räksmörgås

en kanelbulle

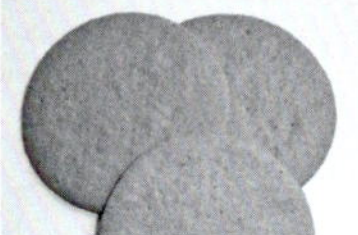

pepparkakor

ett glas juice

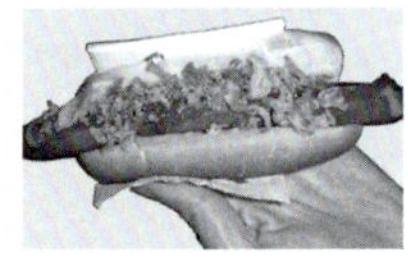

en korv

   7

Hören Sie die Unterhaltung an und finden Sie die Verben.

Alma: Jag är hungrig. Vad ska vi äta?

Sven: Jag tar en räksmörgås, ett glas apelsinjuice och sedan kanske en kopp kaffe och en kanelbulle.

Alma: Jag tar en ostfralla.

Sven: Vad vill du dricka?

Alma: Jag tar ett glas äppeljuice och en kopp kaffe med mjölk och en pepparkaka.

Sven: Det låter gott.

7

Tragen Sie die Verben aus Abschnitt 6 in die Tabelle ein. Handelt es sich um den Infinitiv oder die Präsensform?

Präsens	Infinitiv
__________	__________
__________	__________
__________	__________

8

Beantworten Sie die Fragen zum Text möglichst ausführlich.

A Är Alma hungrig? Ja, det __________

B Tar Sven en ostfralla? Nej, han tar __________

C Vem äter en kanelbulle? __________

D Dricker de te? __________

E Tar Alma en pepparkaka? __________

9

In Schweden gibt es beim Kaffee oft **påtår**, d. h. der Kunde bezahlt einen Kaffee und darf sich dann beliebig oft aus der Kaffeekanne bedienen. Die Frage hiernach lautet "**Ingår påtår?**" *(Ist påtår inklusive?)*.

LÖSUNG

7 Präsens: är, ska, tar, vill, låter; Infinitiv: äta, dricka • **8 A** Jag, det är hon. **B** Nej, han tar en räksmörgås. **C** Sven äter en kanelbulle. **D** Nej, det gör de inte. **E** Ja, det gör hon.

Drücken Sie aus, ob Sie etwas mögen oder nicht mögen, indem Sie **tycka** om oder **gilla** verwenden. Schauen Sie sich die Beispielsätze an und achten Sie darauf, an welcher Stelle **inte** *(nicht)* steht.

Han tycker om öl.	*Er mag Bier.*
Han gillar öl.	
Hon tycker inte om ost.	*Sie mag keinen Käse.*
Hon gillar inte ost.	
Tycker du om juice?	*Magst du Saft?*
Gillar du juice?	
Tycker de inte om kött?	*Mögen sie kein Fleisch?*
Gillar de inte kött?	

 8

Übersetzen Sie mit **tycka om**. Hören Sie anschließend den Dialog an.

Maria: Ska vi gå på restaurang i kväll?

Olof: Ja, gärna. Jag känner till en bra italiensk restaurang.

Maria: *(Ich mag kein)* ______________ italiensk mat.
(Ich mag) ______________ kinesisk mat.

Olof: Det *(mag ich nicht)* ______________. Men det finns en ny traditionell svensk restaurang i närheten. Ska vi försöka med den?

Maria: Ja, det kan vi göra.

Verbinden Sie die traditionellen schwedischen Gerichte mit ihrer deutschen Entsprechung.

1. ärtsoppa och pannkaka med sylt
2. stekt falukorv med potatismos
3. pytt i panna
4. Janssons frestelse
5. köttbullar med lingon och kokt potatis
6. surströmming

___ A *Restepfanne*

___ B *vergorener Hering in der Dose*

___ C *Fleischklößchen mit Preiselbeeren und Salzkartoffeln*

___ D *Erbsensuppe mit Pfannkuchen und Marmelade*

___ E *Janssons Versuchung (Kartoffelauflauf mit Sardellen)*

___ F *gebratene Fleischwurst mit Kartoffelbrei*

Achtung!
Seien Sie niemals anwesend, wenn eine Dose **surströmming** geöffnet wird. Der Fisch stinkt fürchterlich. Wenn sich der Deckel der Dose nach außen wölbt, ist der Fisch „reif".

LÖSUNG

2 Jag tycker inte om; Jag tycker om; tycker jag inte om. • **3** **1**D; **2**F; **3**A; **4**E; **5**C; **6**B

Was mögen Sie, was mögen Sie nicht? Beschreiben Sie Ihre Vorlieben anhand der folgenden Vokabeln.

soppa • öl • choklad • vatten • bröd • farfar • Sverige
barn • kort hår • mjölk • kaffe

Jag tycker om ____________________

____

____

Jag tycker inte om ____________________

____

____

Kein/keine drückt man im Schwedischen mit **ingen/inget** aus. Auch hier hängt die Form vom nachstehenden Substantiv ab.

Jag har ingen gaffel.	*Ich habe keine Gabel.*
Du har inget glas.	*Du hast kein Glas.*

Hier sind einige Gegenstände, die Ihnen im Restaurant fehlen können:

en kniv	*Messer*	**socker (ett)**	*Zucker*
en (te)sked	*(Tee)Löffel*	**salt (ett)**	*Salz*
en tallrik	*Teller*	**peppar (en)**	*Pfeffer*

Sie sind im Restaurant und möchten etwas essen. Doch immer fehlt Ihnen etwas. Bitten Sie den **servitör** um Hilfe.

Ursäkta! Jag har *(keine Gabel)* 1. ____________________. Jag behöver *(eine Gabel)* 2. ____________________, tack.

Ojdå, du har *(kein Messer)* 3. ____________________! Ursäkta, vi behöver *(ein Messer)* 4. ____________________, tack.

Ursäkta, här finns *(kein Salz)* 5. ____________________. Jag behöver lite *(Salz)* 6. ____________________, tack.

In schwedischen Restaurants gibt es zur Mittagszeit oft **dagens rätt**, ein besonders günstiges Tagesessen. Häufig ist sogar ein Getränk im Preis enthalten.

Was wird benötigt? Unterstreichen Sie das passende Wort.

A För att äta soppa behöver man en (gaffel / sked / son).

B För att baka en kaka behöver man (öl / bil / socker).

C För att dricka kaffe behöver man en (kniv / glas / kopp).

D Man äter maten på en (kopp / soppa / tallrik).

LÖSUNG

6 1. ingen gaffel; **2.** en gaffel; **3.** ingen kniv; **4.** en kniv; **5.** inget salt; **6.** salt • **8 A** sked; **B** socker; **C** kopp; **D** tallrik

Wenn ein Satz mit **det** eingeleitet wird, benutzt man das Adjektiv in seiner Neutrum-Form, z. B. bei **"Det låter gott"** (*Das klingt lecker*). Ebenso verhält es sich beim Wetter: *Es ist warm draußen* heißt **Det är varmt ute**.

Diese Vokabeln können Ihnen helfen, das Wetter zu beschreiben.

en sol	*Sonne*	**en vind**	*Wind*
ett moln	*Wolke*	**ett åskväder**	*Gewitter*
ett regn	*Regen*	**en måne**	*Mond*
en snö	*Schnee*	**en stjärna**	*Stern*

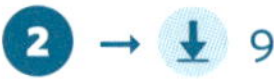
2 → 9

Hören Sie sich die Aussagen über das Wetter an und verbinden Sie sie mit ihrer Übersetzung.

1. Det blåser.	___ **A** *Es regnet.*
2. Det är soligt.	___ **B** *Es ist warm.*
3. Det regnar.	___ **C** *Es ist sonnig.*
4. Det är mulet.	___ **D** *Es gewittert.*
5. Det snöar.	___ **E** *Es ist kalt.*
6. Det åskar.	___ **F** *Es ist windig.*
7. Det är varmt.	___ **G** *Es schneit.*
8. Det är kallt.	___ **H** *Es ist bewölkt.*

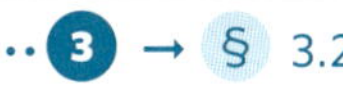 3.2

Wie Sie wissen, wird der bestimmte Artikel an das Substantiv angehängt. Wenn das Substantiv jedoch mit einem davorstehenden Adjektiv beschrieben wird, wird vor dem Adjektiv noch ein Artikel (**den** bzw. **det**) ergänzt. Das Adjektiv steht dann in seiner sogenannten schwachen Form, d.h. immer mit der Endung **-a**.

en stark vind	**den starka vinden**
ein starker Wind	*der starke Wind*
ett starkt regn	**det starka regnet**
ein starker Regen	*der starke Regen*

4

Verwandeln Sie die unbestimmte in die bestimmte Form.

A en vit måne — den ____________ månen

B en blå himmel — ____________ himlen

C ett stort moln — ____________

D härligt väder — det ____________ vädret

E stark vind — ____________

LÖSUNG

2 1F; 2C; 3A; 4H; 5G; 6D; 7B; 8E • **4 A** den vita månen; **B** den blå himlen; **C** det stora molnet; **D** det härliga vädret; **E** den starka vinden

5 → 10

Hören Sie den nachstehenden Text über die Jahreszeiten.

Folgende Vokabeln können Ihnen beim Verstehen helfen:

alltid	*immer*	**ibland**	*manchmal*
ofta	*oft*	**aldrig**	*nie*

Om våren blir vädret skönt. Allt blir grönt och det snöar inte längre. Ibland är det redan ganska varmt ute.

På sommaren är det ofta varmt ute. Ibland badar jag i sjön. Solen skiner ofta, men ibland regnar det också. Men det snöar aldrig!

Om hösten regnar det mycket. Vädret blir kallt och jag fryser ibland. Det är alltid så vackert när skogen blir röd, brun och gul.

På vintern firar vi jul. Det snöar mycket och det är jättekallt ute. Allt är vitt! Vintern är ganska lång i Sverige, men jag tycker om den.

6

Übersetzen Sie anhand des Textes.

______	______	______	______
Frühling	*Sommer*	*Herbst*	*Winter*

______	______	______	______	______
grün	*rot*	*braun*	*gelb*	*weiß*

Kreuzen Sie an, ob die Aussagen richtig oder falsch sind.

	richtig	falsch
1. Om våren snöar det.		
2. Det är varmt ute om sommaren.		
3. Jul firar man om vintern.		
4. Man fryser alltid om sommaren.		
5. Det regnar ofta om hösten.		
6. Sommaren är ganska lång i Sverige.		
7. Snön är röd, brun och gul.		

Bilden Sie Sätze aus den Wörtern.

A tycker om | kalla | Jag | den | vintern

____

B soligt | är | på | Det | sommaren

____

C är | Det | molnigt | inte | i dag

____

D regnar | ofta | om | Det | hösten

____

LÖSUNG

6 vår(en); sommar(en); höst(en); vinter(n); grön; röd; brun; gul; vit • **7 1.** falsch; **2.** richtig; **3.** richtig; **4.** falsch; **5.** richtig; **6.** falsch; **7.** falsch • **8 A** Jag tycker om den kalla vintern. **B** Det är soligt på sommaren. **C** Det är inte molnigt i dag. **D** Det regnar ofta om hösten.

9

Schweden besteht aus 24 **landskap** (*Provinzen*). Dies sind historisch gewachsene Regionen mit einer eigenen kulturellen Identität. Die Verwaltungsprovinzen innerhalb der **landskap** heißen **län**.

 →  2

Es gibt im Schwedischen fünf verschiedene Möglichkeiten der Pluralbildung. Die Pluralform ist u.a. von der Endung des Substantivs abhängig und davon, ob es sich um ein Utrum- oder Neutrum-Wort handelt.

SINGULAR	PLURAL	
en blomma	**blommor**	*Blume*
en sjö	**sjöar**	*See*
en skog	**skogar**	*Wald*
en stad	**städer**	*Stadt*
ett land	**länder**	*Land*
ett äpple	**äpplen**	*Apfel*
ett berg	**berg**	*Berg*

Übersetzen Sie die Begriffe in Klammern.

Sverige är *(ein großes Land)* ____________________ med

många *(Seen)* ____________ und *(Wälder)* ____________.

Men det finns också *(Städte)* ______________, naturligtvis.

4

Sehen Sie sich § 2 in der Grammatik genau an und versuchen Sie, den Plural der folgenden Wörter zu bilden. Adjektive nehmen im Plural immer die Endung **-a** an (→ § 3).

1. en stor sjö ______________________

2. en grön skog ______________________

3. en blå å ______________________

4. ett lugnt hav ______________________

5. en liten by ______________________

6. en gul stjärna ______________________

Jetzt versuchen Sie, aus den Pluralformen den Singular zu bilden. Achten Sie darauf, ob es sich um ein **en-** oder **ett-**Wort handelt!

7. ______________________ djupa dalar

8. ______________________ höga berg

9. ______________________ små bäckar

10. ______________________ röda hus

11. ______________________ skandinaviska länder

12. ______________________ stora landskap

LÖSUNG

3 ett stort land; sjöar; skogar; städer • **4 1.** stora sjöar; **2.** gröna skogar; **3.** blå åar; **4.** lugna hav; **5.** små byar; **6.** gula stjärnor; **7.** en djup dal; **8.** ett högt berg; **9.** en liten bäck; **10.** ett rött hus; **11.** ett skandinaviskt land; **12.** ett stort landskap

5 → § 1.2

Auch im Plural wird der bestimmte Artikel an das Substantiv angehängt. Er lautet -(n)a oder -(e)n.

en stuga	**stugor**	**stugorna**	*Hütte*
en ö	**öar**	**öarna**	*Insel*
en skärgård	**skärgårdar**	**skärgårdarna**	*Schärengarten*
en person	**personer**	**personerna**	*Person*
en kurs	**kurser**	**kurserna**	*Kurs*
en deckare	**deckare**	**deckarna**	*Krimi*
ett fjäll	**fjäll**	**fjällen**	*Gebirge*

6 → 11

Hören und lesen Sie den Text zum Thema Urlaub in Schweden.

Jag känner många personer här i Tyskland som semestrar i Sverige på sommaren. En person seglar ofta i närheten av Göteborg. Han gillar havet. Han har en sommarstuga på en ö. Ön ligger i Göteborgs skärgård.

Många gillar naturen. De fiskar och badar och promenerar när vädret är fint. Många gillar att plocka bär: lingon, hjortron, hallon, björnbär, smultron eller blåbär. Några gillar att vandra i fjällen.

En annan person läser mycket. Hon läser framför allt deckare av Henning Mankell och Liza Marklund.

Alla gillar språket. Många läser svenska på en kvällskurs. Men inte alla gillar ölet i Sverige.

Att wird vor Infinitiven häufig wie [o] ausgesprochen.

7 → § 4.3

Bei dem Wort **som** handelt es sich um ein unveränderliches Relativpronomen, das im Deutschen für ***der, die, das, dem*** usw. steht.

8

Lesen Sie den ersten Satz des Textes noch einmal durch. Bilden Sie anhand der Vorgaben eigene Sätze mit **som**.

Beispiel: Jag känner många personer. De semestrar i Sverige.
Jag känner många personer som semestrar i Sverige.

A Anna är en kvinna. Hon läser mycket.

B Henning Mankell skriver deckare. Många läser dem.

Ist es Ihnen aufgefallen? Das Verb **läsa** bedeutet *lesen*, aber auch *lernen*, *studieren*. *Ich studiere Schwedisch an der Universität* heißt **Jag läser svenska på universitetet**.

LÖSUNG

8 A Anna är en kvinna som läser mycket. **B** Henning Mankell skriver deckare som många läser.

Die größte schwedische Stadt ist mit rund 800.000 Einwohnern die Hauptstadt Stockholm. Sie erstreckt sich über 14 Inseln und ihre Grundfläche besteht zu 30% aus Wasser. Im 13. Jahrhundert wurde Stockholm erstmals urkundlich erwähnt. Die zweitgrößte Stadt Schwedens ist Göteborg mit rund 500.000 Einwohnern. Das Markenzeichen der Stadt ist die blaue Straßenbahn. Der Hafen Göteborgs ist der größte Exporthafen Nordeuropas und der Vergnügungspark Liseberg der größte von Skandinavien. Die nördlichste Stadt Schwedens ist Kiruna mit rund 18.000 Einwohnern.

→ § 15

Im Schwedischen wird der Komparativ gebildet, indem man an das Adjektiv die Endung **-(a)re** anhängt. Mehrsilbige Adjektive auf **-sk** und **-ad** werden mit **mera** gesteigert. Natürlich gibt es auch einige unregelmäßige Fälle. Oft finden sich dort aber Parallelen zum Deutschen.

POSITIV	KOMPARATIV	
lugn	**lugnare**	*ruhig, ruhiger*
vacker	**vackrare**	*schön, schöner*
stor	**större**	*groß, größer*
lång	**längre**	*lang, länger*
ung	**yngre**	*jung, jünger*
liten	**mindre**	*klein, kleiner*
gammal	**äldre**	*alt, älter*
många	**fler**	*viele, mehr(ere)*
god	**bättre**	*gut, besser*

3

Setzen Sie den Komparativ in die Lücken ein.

A På landet är det (lugn) ____________ än i staden.

B Jag är (lång) ____________ än barnet.

C Vänern är (stor) ____________ än Vättern.

D Lund är (gammal) ____________ än Stockholm.

E Många personer tycker om Göteborg, men (många) ____________ tycker om Stockholm.

4

12

Hören und lesen Sie den Text. Welche Aussagen stimmen?

Anna tycker om att leva i en stad. Det finns mycket mer att göra där än på landet. Man kan gå på teater eller på bio. Det finns många kaféer och restauranger. Det finns fler möjligheter än på landet. I staden finns det också fler museer än på landet. Det är även mer ekonomiskt att bo i en stad: Anna behöver ingen bil därför att det finns tunnelbana.

	richtig	falsch
1. Det finns inga restauranger i staden.	☐	☐
2. På landet finns det inte många museer.	☐	☐
3. Anna bor i Stockholm.	☐	☐

LÖSUNG

3 A lugnare; **B** längre; **C** större; **D** äldre; **E** fler • **4 1.** falsch; **2.** richtig; **3.** richtig (Stockholm ist die einzige schwedische Stadt mit einer U-Bahn!)

Um den Unterschied zwischen ***diese/r/s*** und ***jene/r/s*** darzustellen, gebraucht man im Schwedischen **den/det/de här** (***diese/r/s***) und **den/det/de där** (***jene/r/s***). Beachten Sie, dass das Substantiv danach mit dem bestimmten Artikel steht!

Alma und Sven sind in einer fremden Stadt unterwegs und diskutieren. Füllen Sie die Lücken aus.

Sven: Jag vill gå på ett museum. *(Dieses)* 1. ________________ museet ser intressant ut.

Alma: Nej, *(dieses)* 2. ________________ museet är för stort. Jag tror att konstmuseet är *(interessanter)* 3. ________________. Det finns i *(jenem)* 4. ________________ gröna huset där borta.

– Lite senare. –

Alma: Jag är hungrig. Ska vi gå på *(dieses)* 5. ________________ restaurangen? Det luktar gott.

Sven: Nej, *(jenes)* 6. ________________ restaurangen ser mycket *(besser)* 7. ________________ ut, tycker jag.

Alma: Ja, men *(jenes)* 8. ________________ restaurangen är mycket *(teurer)* 9. ________________. Där ingår inte ens påtår!

Sven: Du har rätt. Det är mycket *(billiger)* 10. ________________ här.

46 | 47

Welche Variante ist richtig? Kreuzen Sie an.

1. Jag tycker om ...
- **A** museums.
- **B** museum.
- **C** museer.

2. En stad är större än ...
- **A** en by.
- **B** ett land.
- **C** ett län.

3. Han går ofta ...
- **A** i bio.
- **B** av bio.
- **C** på bio.

4. De bor i det där ...
- **A** hus.
- **B** huset.
- **C** husen.

5. Det luktar ...
- **A** god.
- **B** gott.
- **C** går.

6. Göteborg är mindre än ...
- **A** Stockholm.
- **B** Norrköping.
- **C** Luleå.

LÖSUNG

6 **1.** Det här; **2.** det här; **3.** intressantare; **4.** det där; **5.** den här; **6.** den där; **7.** bättre; **8.** den där; **9.** dyrare; **10.** billigare • **7** **1**C; **2**A; **3**C; **4**B; **5**B; **6**A

11

Sehen Sie sich die Bilder an und hören Sie die Sätze. Ordnen Sie die Sätze ihrer deutschen Bedeutung zu.

1. Pojken går **rakt fram**.
2. Pojken går **över** gatan.
3. Pojken går **förbi** kiosken.
4. Flickan står **vid** tavlan.
5. Pojken sitter **bredvid** flickan.
6. Pojken sitter **bakom** flickan.
7. Flickan sitter **mittemot** läraren.

___ A *Das Mädchen sitzt dem Lehrer gegenüber.*

___ B *Das Mädchen sitzt vor Oscar.*

___ C *Das Mädchen steht an der Tafel.*

___ D *Der Junge geht am Kiosk vorbei.*

___ E *Der Junge geht geradeaus.*

___ F *Der Junge geht über die Straße.*

___ G *Der Junge sitzt hinter dem Mädchen.*

48 | 49

8. Pojken står **mellan** Oscar och Ida. ___ **H** *Der Junge steht rechts von dem Mädchen.*

9. Pojken står **till höger om** flickan. ___ **I** *Der Junge sitzt neben dem Mädchen.*

10. Flickan sitter **framför** Oscar. ___ **J** *Der Junge steht zwischen Oscar und Ida.*

Achtung!
till höger om = *rechts von*
till vänster om = *links von*
till höger = *nach rechts*
till vänster = *nach links*

vid bedeutet *bei* oder *an* – aber nicht bei Personen!
Jag bor vid havet. =
Ich wohne am Meer.
Jag bor hos mormor. =
Ich wohne bei Großmutter.

2 → § 5

Die Imperativform (Befehlsform) eines Verbs entspricht seinem Stamm.

INFINITIV	PRÄSENS	IMPERATIV	
tala	**talar**	**tala!**	*sprich!*
läs/a	**läser**	**läs!**	*lies!*
gå	**går**	**gå!**	*geh!*

3

Bilden Sie aus der Präsensform den Imperativ.

tar ________, kör ________, säger ________, pratar ________

LÖSUNG **1** 1E; 2F; 3D; 4C; 5I; 6G; 7A; 8J; 9H; 10B • **3** ta!; kör!; säg!; prata!

Lesen Sie sich die Wegbeschreibungen durch und ordnen Sie sie dem richtigen Bild zu.

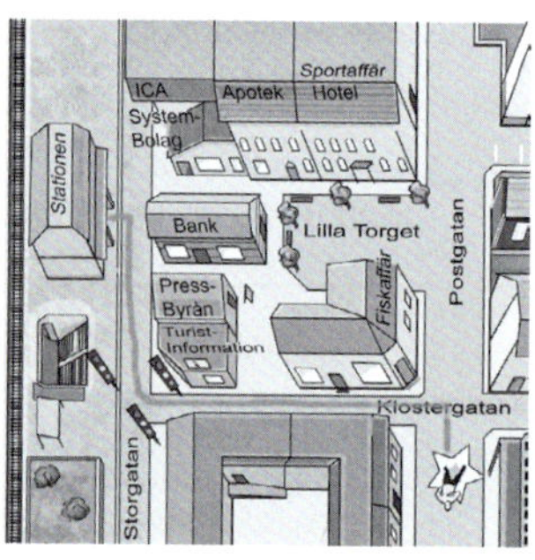

___ A

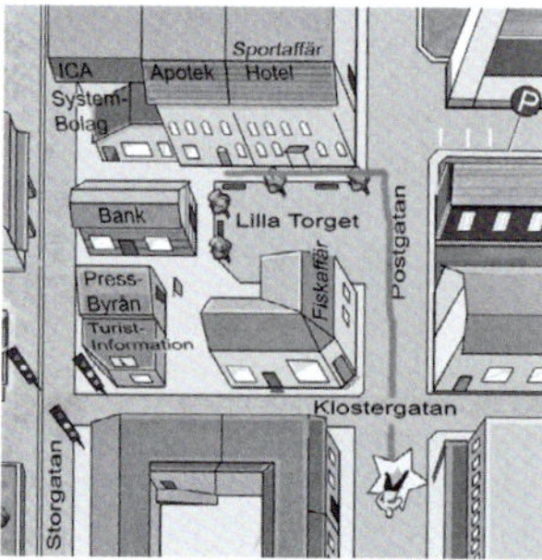

___ B

1. **X:** Ursäkta, hur kommer man till stationen?
   Y: Ta till vänster och gå Klostergatan rakt fram. Ta till höger vid trafikljuset. Stationen ligger till vänster.
   X: Ett ögonblick! Till höger vid trafikljuset?
   Y: Det stämmer. Och sedan ligger stationen till vänster.
   X: Jaha. Tack ska du ha.

2. **X:** Förlåt, vet du var apoteket ligger?
   Y: Gå över Klostergatan och fortsätt Postgatan rakt fram. Ta sedan till vänster vid hotellet. Apoteket ligger bredvid hotellet vid Lilla torget.
   X: Tack så mycket.

5

Finden Sie die drei verschiedenen Imperativformen im Text. Schreiben Sie sie auf und bilden Sie die Präsensform.

Imperativ	**Präsens**
______	______
______	______
______	______

6 → § 4.4

Üblicherweise verwendet man bei Fragen **någon/något** statt **en/ett**. Es bedeutet *irgendein/e*. Die Pluralform lautet **några**. Das Gegenteil von **någon/något/några** ist **ingen/inget/inga**.

Finns det någon bank här?	*Gibt es hier eine Bank?*
Ja, det finns det.	*Ja, gibt es.*
Nej, det finns ingen bank här.	*Nein, hier gibt es keine Bank.*
Finns det något postkontor här?	*Gibt es hier ein Postamt?*
Nej, det finns inget postkontor här.	*Nein, hier gibt es kein Postamt.*
Finns det några affärer här?	*Gibt es hier Geschäfte?*
Nej, det finns inga affärer här.	*Nein, hier gibt es keine Geschäfte.*

LÖSUNG

4 1A; 2B • **5** ta, tar; gå, går; fortsätt, fortsätter

12

1 → § 10, 14

Hören Sie sich die Zahlen von 1-20 an und lesen Sie sie in der Grammatik nach.

Lesen Sie sich die Ausdrücke zur Uhrzeit durch und schreiben Sie auf, wie spät es ist.

Vad är klockan?	*Wie spät ist es?*
Klockan är ...	*Es ist ... Uhr.*
kvart i	*Viertel vor*
kvart över	*Viertel nach*
halv	*halb*

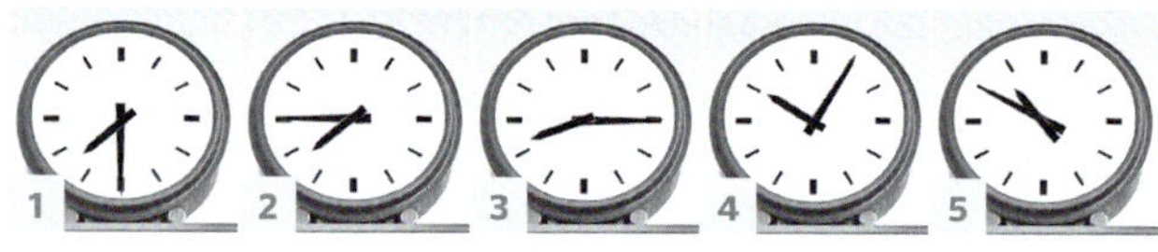

1. Klockan är ______________ åtta.

2. ______________ är kvart ______________.

3. Klockan ______________________ åtta.

4. ______________________ över ______________.

5. Klockan är ______________________ elva.

→ 15

Hören Sie sich jetzt die Sätze an und vergleichen Sie das Ergebnis.

52 | 53

Am 3.9.1967 erfolgte in Schweden die Umstellung von Links- auf Rechtsverkehr. In Stockholm fährt die U-Bahn auch heute noch links. In vielen Städten wurden die Straßenbahnen im Zuge der Umstellung abgeschafft. In Göteborg gibt es sie jedoch noch.

Ordnen Sie die Transportmittel ihrer Übersetzung zu.

1.	en cykel	___ **A**	*Taxi*
2.	en moped	___ **B**	*Bus*
3.	ett spårvagn	___ **C**	*U-Bahn*
4.	en taxi	___ **D**	*Fahrrad*
5.	till fots	___ **E**	*Zug*
6.	en bil	___ **F**	*Motorrad*
7.	en tunnelbana	___ **G**	*zu Fuß*
8.	en motorcykel	___ **H**	*Moped*
9.	en buss	___ **I**	*Flugzeug*
10.	ett tåg	___ **J**	*Straßenbahn*
11.	ett flyg(plan)	___ **K**	*Auto*

LÖSUNG

2 1. halv; **2.** Klockan, i åtta; **3.** är kvart över; **4.** Klockan är fem (minuter), tio; **5.** tio (minuter) i • **4 1**D; **2**H; **3**J; **4**A; **5**G; **6**K; **7**C; **8**F; **9**B; **10**E; **11**I

Lernen Sie die Zahlen bis 100 in § 10. Hören Sie den Dialog und tragen Sie die Uhrzeiten und Zahlen ein.

Kund: Hej! När går nästa tåg till Göteborg?

Kunde: *Hallo! Wann fährt der nächste Zug nach Göteborg?*

Konduktör: Nästa tåg går ________________ .

Schaffner: *Der nächste Zug fährt um ...*

Kund: När är det framme?

Kunde: *Wann kommt er an?*

Konduktör: Det är framme ____________ .

Schaffner: *Er kommt um ... Uhr an.*

Kund: Går det direkt eller måste man byta?

Kunde: *Fährt er direkt oder muss man umsteigen?*

Konduktör: Det går direkt.

Schaffner: *Er fährt direkt.*

Kund: Då tar jag en tur och retur biljett. Från vilket spår går tåget?

Kunde: *Dann nehme ich eine Hin- und Rückfahrkarte. Von welchem Gleis fährt der Zug?*

Konduktör: Spår _______ . Det blir __________ kronor, tack.

Schaffner: *Gleis ... Das macht ... Kronen, bitte.*

Schreiben Sie die Pluralform der Transportmittel auf.

A en cykel — två __________

B en bil — tre __________

C en biljett — fyra __________

D ett flygplan — fem __________

E ett tåg — sex __________

F en tunnelbana — sju __________

G en buss — åtta __________

H ett spårvagn — nio __________

In der Regel wird für Fortbewegung das Verb **åka** (*fahren*) verwendet. Es gibt jedoch einige Ausnahmen.

Jag åker bil/buss/motorcykel/tunnelbana/tåg.

Aber:

Jag cyklar.

Jag flyger/tar flyget.

Jag går till fots.

> Achtung!
> Wenn man betonen möchte, dass man das Auto selbst fährt, verwendet man **köra**:
> **Jag kör bil.** - *Ich fahre (lenke) das Auto.*

LÖSUNG

5 13.40; 15.53; 8; 83 • **6 A** cyklar; **B** bilar; **C** biljetter; **D** flygplan; **E** tåg; **F** tunnelbanor; **G** bussar; **H** spårvagn

Bringen Sie die Monate in die richtige Reihenfolge.

februari • november • april • augusti • mars • juli • oktober
januari • juni • december • september • maj

1 ____________ 2 ____________

3 ____________ 4 ____________

5 ____________ 6 ____________

7 ____________ 8 ____________

9 ____________ 10 ____________

11 ____________ 12 ____________

2

Verbinden Sie die Wochentage mit ihrer Übersetzung.

1. onsdag	___ **A**	*Mittwoch*
2. fredag	___ **B**	*Sonntag*
3. tisdag	___ **C**	*Montag*
4. söndag	___ **D**	*Freitag*
5. torsdag	___ **E**	*Wochenende*
6. lördag	___ **F**	*Dienstag*
7. måndag	___ **G**	*Samstag*
8. en helg	___ **H**	*Donnerstag*

Lernen Sie in §10 die Ordnungszahlen. Hören Sie sich anschließend die Daten an und schreiben Sie sie aus.

1. 1.12. ____________ **2.** 6.7. ____________

3. 7.2. ____________ **4.** 31.10. ____________

5. 21.5. ____________ **6.** 18.11. ____________

7. 2.4. ____________ **8.** 24.1. ____________

9. 27.8. ____________ **10.** 16.6. ____________

Lesen Sie den Text. Welche Aussagen stimmen?

Kund: Hej! Jag söker ett hotellrum, från måndag till fredag.
Receptionist: Ska det vara dubbelrum eller enkelrum?
Kund: Ett dubbelrum.
Receptionist: Tyvärr är alla dubbelrum fullbokade. Vi har bara två enkelrum kvar.
Kund: Då tar jag de två enkelrummen, tack.

	richtig	falsch
1. Det finns inga dubbelrum i hotellet.	☐	☐
2. Kunden tar de två enkelrummen.	☐	☐

LÖSUNG

1 januari; februari; mars; april; maj; juni; juli; augusti; september; oktober; november; december • **2** 1A; 2D; 3F; 4B; 5H; 6G; 7C; 8E • **3** **1.** den första december; **2.** den sjätte juli; **3.** den sjunde februari; **4.** den trettioförsta oktober; **5.** den tjugoförsta maj; **6.** den artonde november; **7.** den andra april; **8.** den tjugofjärde januari; **9.** den tjugosjunde augusti; **10.** den sextonde juni • **4** **1.** falsch; **2.** richtig

5 → § 3.3

Der Superlativ wird gebildet, indem an das Adjektiv die Endung **-(a)st** angehängt wird. Die mehrsilbigen Adjektive, die im Komparativ mit **mera** gesteigert werden, stehen im Superlativ mit **mest**.

Setzen Sie die richtige Superlativform in die Tabelle ein.

vackrast • yngst • flest • störst • lugnast
bäst • äldst • längst • minst

POSITIV	KOMPARATIV	SUPERLATIV
lugn	**lugnare**	________
vacker	**vackrare**	________
stor	**större**	________
lång	**längre**	________
ung	**yngre**	________
liten	**mindre**	________
gammal	**äldre**	________
många	**fler**	________
god	**bättre**	________

Sehen Sie sich die Informationen über die verschiedenen Hotels an.

Hotell Andreas

33 förstklassiga rum
Rum från 2790:-/natt
Inklusive stor frukostbuffé

Hotell Stockholm

14 bekväma rum
Rum från 800:-/natt
Frukost och parkering ingår

City Hotell

200 moderna rum
Rum från 1500:-/natt på vardagar, från fredag till söndag 890:-/natt

Hotell Birgitta

53 trivsamma rum
Rum från 1790:-/natt
Helgpriser från 1000:-/natt
Frukost och parkering ingår inte

Beantworten Sie die Fragen zu den Hotels.

A Vilket hotell är billigast? ______________________

B Vilket hotell är dyrast? ______________________

C Vilket hotell är störst? ______________________

D Vilket hotell är minst? ______________________

E Vilket hotell är större än Hotell Birgitta? ______________________

F Vilket hotell har fri parkering? ______________________

LÖSUNG

6 lugnast; vackrast; störst; längst; yngst; minst; äldst; flest; bäst • **8 A** Hotell Stockholm; **B** Hotell Andreas; **C** City Hotell; **D** Hotell Stockholm; **E** City Hotell; **F** Hotell Stockholm

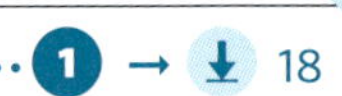

Hören und lesen Sie den Text. Unterstreichen Sie **många** und **mycket**.

För att komma från kontinenten till Sverige tar väldigt många bilen. Några har husvagn eller husbil. Det är bekvämt. Man behöver inte ta in på hotell.

Det finns många vägar till Sverige. T ex bron över Öresund mellan Dragör i Danmark och Limhamn i Sverige. Det är spännande att åka över bron till Sverige.

Det går många färjor mellan Sverige och England, Tyskland, Danmark, Finland, de baltiska länderna eller Polen.

Man kan naturligtvis också åka tåg till Sverige. Det är inte alltid bekvämt och inte alltid billigt men intressant. Man kan sällan åka direkt utan måste byta flera gånger. Man träffar ofta trevliga människor på tåget.

Och till sist kan man flyga. Priset kan variera ganska mycket. Ibland är det billigt, men ibland dyrt. Det är inte alltid så bekvämt men det går fort.

Im Schwedischen werden gängige Abkürzungen ohne Punkt geschrieben:
t ex = till exempel
t o m = till och med
fr o m = från och med

en färja

Många (*viele*) verwendet man bei zählbaren Dingen, wie z.B. Personen, Autos, aber auch Grüßen (**många personer, många bilar, många hälsningar**). **Mycket** (*viel, vieles*) wird bei einer nicht zählbaren Menge verwendet, wie z.B. Milch, Mehl, Schinken (**mycket mjölk, mycket mjöl, mycket skinka**).

Im ersten Satz des Textes steht **många** allein und bedeutet *viele* (*Personen*).

Setzen Sie **Hur mycket** oder **Hur många** in die Lücken ein.

A ______________________ vykort ska du skriva?

B ______________________ vatten dricker du varje dag?

C ______________________ skinka ska det vara?

D ______________________ barn har du?

E ______________________ koppar kaffe ska jag ta?

F ______________________ godis ska jag köpa?

G ______________________ frimärken behöver vi?

H ______________________ flaskor öl ska jag köpa?

I ______________________ bullar vill du ha?

J ______________________ böcker finns det i biblioteket?

LÖSUNG

3 A Hur många; **B** Hur mycket; **C** Hur mycket; **D** Hur många; **E** Hur många; **F** Hur mycket; **G** Hur många; **H** Hur många; **I** Hur många; **J** Hur många

In der schwedischen Alltagssprache findet man häufig Kurzwörter auf **-is.** So wird aus **daghem** (*Kindertagesstätte*) **dagis** und aus **skådespelare** (*Schauspieler*) **skådis**. Auch aus Adjektiven werden solche Kurzwörter gebildet, z.B. **godis** (*Süßigkeiten*) von **god** und **kändis** (*Prominenter*) von **känd**.

In Schweden ist es weit verbreitet, dass Kinder nur samstags Süßigkeiten bekommen. Damit möchte man einen Beitrag zur gesünderen Ernährung leisten, ohne die Süßigkeiten gleich ganz zu verbieten. Die Samstagssüßigkeiten heißen **lördagsgodis**.

Adverbien sind Bestimmungen zu einem Verb, einem Adjektiv, einem anderen Adverb oder einem ganzen Satz. Sie sind unveränderlich. In den meisten Fällen verwendet man im Schwedischen die Neutrum-Form des Adjektivs als Adverb.

Setzen Sie das Adverb in die Lücke ein.

Vi semestrar i Småland och är redan *(richtig)* ________________ bruna. Det är mycket varmt! Vi bor i en stuga som står *(einsam = ensam)* ________________________ mitt i skogen. Den ligger mycket *(schön)* ________________________ i närheten av en sjö.

8

Übersetzen Sie die folgenden Sätze ins Schwedische.

A *Im Sommer fahren wir nach Schweden.*

____

B *Wir nehmen die Fähre von Deutschland nach Schweden.*

____

C *Wir haben einen Wohnwagen, den Hans fährt.*

____

D *Heute ist das Wetter schlecht.*

____

E *Wir essen viele Süßigkeiten.*

____

9

Übersetzen Sie ins Deutsche.

A Klockan halv tolv åker vi till museet.

____

B Jag äter mycket choklad.

____

LÖSUNG

7 riktigt; ensamt; vackert • **8 A** Om/På sommaren åker vi till Sverige. **B** Vi tar färjan från Tyskland till Sverige. **C** Vi har ett husvagn som Hans kör. **D** Vädret är dåligt i dag. **E** Vi äter mycket godis. • **9 A** *Um halb zwölf fahren wir zum Museum.* **B** *Ich esse viel Schokolade.*

Es gibt einige Feste in Schweden, die in Deutschland unbekannt oder weniger wichtig sind. So wird z. B. das Abitur (**studentexamen**, kurz: **studenten**) mit Autokorsos gefeiert. Die Abiturienten tragen dabei weiße Studentenmützen. Im Sommer feiert man **midsommar** – den längsten Tag des Jahres. Man tanzt um eine Art Maibaum (**midsommarstång**) und isst **köttbullar** und **potatissallad**. Im Winter wird dann der kürzeste Tag des Jahres mit dem **luciafest** gefeiert. Singende Menschen in weißen Gewändern folgen der Lucia, die einen Kranz mit Kerzen auf dem Kopf trägt. Man trinkt **glögg** und isst **lussekatter**, ein Weizengebäck mit Safran und Rosinen. Im Herbst gibt es das traditionelle Krebsessen, **kräftskiva** genannt.

Natürlich feiern die Schweden auch Hochzeit (**bröllop**), Geburtstag (**födelsedag**), Weihnachten (**jul**), Ostern (**påsk**) usw. Oft gibt es auf großen Feiern ein Buffet (**smörgåsbord**) mit vielen traditionellen Gerichten.

2

Verbinden Sie die Feste mit dem richtigen Datum.

1. julafton	___ **A**	den trettonde december
2. midsommar	___ **B**	den tjugofjärde december
3. luciafest	___ **C**	omkring den tjugoförste juni

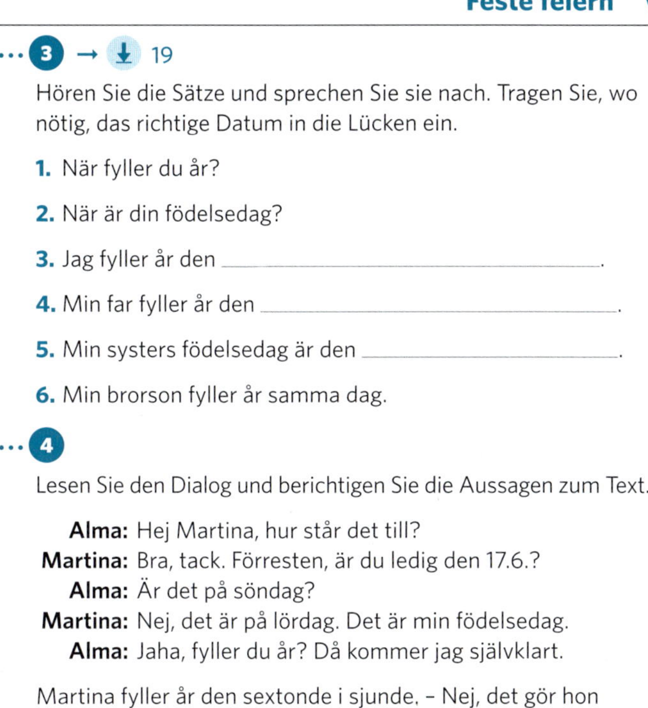

3 → 19

Hören Sie die Sätze und sprechen Sie sie nach. Tragen Sie, wo nötig, das richtige Datum in die Lücken ein.

1. När fyller du år?

2. När är din födelsedag?

3. Jag fyller år den ______________________.

4. Min far fyller år den ______________________.

5. Min systers födelsedag är den ______________________.

6. Min brorson fyller år samma dag.

4

Lesen Sie den Dialog und berichtigen Sie die Aussagen zum Text.

Alma: Hej Martina, hur står det till?
Martina: Bra, tack. Förresten, är du ledig den 17.6.?
Alma: Är det på söndag?
Martina: Nej, det är på lördag. Det är min födelsedag.
Alma: Jaha, fyller du år? Då kommer jag självklart.

Martina fyller år den sextonde i sjunde. – Nej, det gör hon inte. Hon fyller år ______________________

Alma kan inte komma. – Jo, det kan hon. Hon ______________________

____

LÖSUNG

2 1B; **2**C; **3**A • **3 3.** 21.7.; **4.** 30.6.; **5.** 23.4. • **4** den sjuttonde i sjätte; kommer självklart

5 → § 6

Sie kennen bereits zwei Verben, die auf **-s** enden: **det finns** und **ses** (**vi ses**). Ein weiteres Beispiel wäre **hoppas** (**jag hoppas** = *ich hoffe*). Diese Verben haben eine aktive Bedeutung und bilden eine Ausnahme.

Normalerweise haben Verben, die auf **-s** enden, eine passive Bedeutung. Statt **Julen firar vi i december** (*... feiern wir ...*) kann man also sagen **Julen firas i december** (*... wird gefeiert ...*). Die Präsensendung wird dabei durch das **-s** ersetzt, d.h. **-ar** wird zu **-as**, **-er** wird zu **-s**.

6

Schreiben Sie die Sätze ins Passiv um.

A Jag firar min födelsedag i juli.

Min födelsedag ______________________

B Han skriver ett brev.

Brevet ______________________ av honom.

C Kvinnorna plockar blommor.

Blommorna ______________________

D Expediten säljer skinka.

Skinken ______________________

E Männen dricker mycket öl.

Mycket öl ______________________

Lesen Sie den Text und unterstreichen Sie die Passivformen.

Varje år delas ut fyra nobelpris i Stockholm: i litteratur, medicin, fysik och kemi. Fredspriset delas ut i Oslo. Det är kungen själv som delar ut prisen. Ceremonin följs av Nobelmiddagen i Blå hallen i Stockholms stadshus. Menyn planeras hela hösten av ett team som väljs varje år. 1300 gäster kommer, bl a den hela kungafamiljen, nobelpristagarna och andra kändisar.

Schreiben Sie die Passivformen aus dem Text auf und bilden Sie die Präsensform.

Passiv	**Präsens**
______________	______________
______________	______________
______________	______________
______________	______________

LÖSUNG

6 A Min födelsedag firas i juli. **B** Brevet skrivs av honom. **C** Blommorna plockas av kvinnorna. **D** Skinkan säljs av expediten. **E** Mycket öl dricks av männen. • **8** delas ut, delar ut; följs, följer; planeras, planerar; väljs, väljer

1 → § 4.2

Die Possessivpronomen bezeichnen den Besitzer und richten sich in Geschlecht und Zahl nach dem zugehörigen Substantiv. In der dritten Person Singular und Plural wird jedoch unterschieden, ob der Besitzer das Subjekt oder das Objekt im Satz darstellt.

UTRUM	NEUTRUM	PLURAL	
min	**mitt**	**mina**	*mein(e/s)*
din	**ditt**	**dina**	*dein(e/s)*
Besitzer = Subjekt			
sin	**sitt**	**sina**	*sein(e/s), ihr(e/s)*
Besitzer ≠ Subjekt			
hans	**hans**	**hans**	*sein(e/s)*
hennes	**hennes**	**hennes**	*ihr(e/s)*
vår	**vårt**	**våra**	*unser(e/s)*
er	**ert**	**era**	*euer, eure(s)*
Besitzer = Subjekt			
sin	**sitt**	**sina**	*ihr(e/s) (Plural)*
Besitzer ≠ Subjekt			
deras	**deras**	**deras**	*ihr(e/s) (Plural)*

Der Satz **Alma åker med sin bil** bedeutet also, dass sie mit ihrem eigenen Auto fährt, während **Alma åker med hennes bil** verdeutlicht, dass das Auto einer anderen weiblichen Person gehört.

Lesen Sie den Dialog und setzen Sie die richtigen Possessivpronomen ein.

Olof: Vad gör du på *(dein)* ______________ fritid?

Maria: På *(mein)* ______________ fritid koppla jag gärna av, men jag träffar också ofta *(meine)* ______________ vänner. Och Sven, vad gör han på *(sein)* ______________ fritid?

Olof: Han spelar fotboll på sommaren och åker skidor på vintern. Förresten, vad gör Paulina och Markus på *(ihre)* ______________ fritid?

Maria: De badar bastu, tittar på teve eller spelar kort.

3

Schreiben Sie den passenden Ausdruck unter das Bild.

fiska • segla • bada bastu • åka skidor

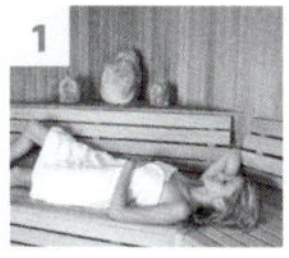

______________ ______________ ______________ ______________

LÖSUNG

2 din; min; mina; sin; sin • **3** **1.** bada bastu; **2.** segla; **3.** åka skidor; **4.** fiska

Hören Sie sich das Interview über das Freizeitverhalten zweier Personen an.

Journalist: Får jag fråga dig en sak? Vad gör du på fritiden?

Anna: Ja, först av allt kopplar jag av efter jobbet. Det är skönt. Men sedan läser jag gärna en bra bok och träffar mina vänner och vi dricker kanske ett glas vin eller äter något gott tillsammans. Många tittar på teve hela kvällen men det tycker inte jag precis om. Om vädret är fint tar jag fram min cykel och åker ut. Det är verkligen fint.

Journalist: Tack så mycket. Och här står en kille. Du går väl i skolan?

Erik: Ja, det gör jag.

Journalist: Vad gör du på fritiden?

Erik: Ja, på vintern åker jag upp till Åre på helgerna med mina kompisar och åker skidor. Och på sommaren är jag med familjen på sommarstället. Då blir det mest att bada och ligga och sola på stranden och så där. Familjen har en massa aktiviteter, typ går på utställningar och spelar kort men det tycker inte jag speciellt mycket om.

Journalist: Och när du träffar dina kompisar då?

Erik: Då lyssnar vi på bra musik.

Journalist: Tack för den här intervjun.

Erik: Tack själv.

5

Finden Sie die richtige Übersetzung der folgenden Aussagen.

1. Jag kopplar av.	___ **A** *Ich hole mein Rad raus.*
2. Jag träffar mina vänner.	___ **B** *Meistens baden wir.*
3. Jag tar fram min cykel.	___ **C** *Ich entspanne mich.*
4. Det blir mest att bada.	___ **D** *Wir hören gute Musik.*
5. Vi lyssnar på bra musik.	___ **E** *Ich treffe meine Freunde.*

Welche Aussagen über Anna und Erik stimmen?

	richtig	falsch
1. Anna kopplar av efter jobbet.	☐	☐
2. Hon tycker inte om att läsa.	☐	☐
3. Hon dricker vin varje dag.	☐	☐
4. Hon tittar alltid på teve hela kvällen.	☐	☐
5. Hon cyklar när vädret är fint.	☐	☐
6. Erik går på universitetet.	☐	☐
7. Han åker skidor med sina kompisar.	☐	☐
8. Han badar med sin familj.	☐	☐
9. Han tycker om utställningar.	☐	☐

LÖSUNG

5 1C; **2**E; **3**A; **4**B; **5**D • **6 1.** richtig; **2.** falsch; **3.** falsch; **4.** falsch; **5.** richtig; **6.** falsch; **7.** richtig; **8.** richtig; **9.** falsch

17

1 → § 5

Das Präteritum (Vergangenheit) wird gebildet, indem bei den regelmäßigen Verben an den Wortstamm **-de** oder **-te** gehängt wird. Bei einsilbigen Verben, wie z. B. **bo**, wird **-dde** angehängt.

INFINITIV	PRÄSENS	PRÄTERITUM	
vandra	**vandrar**	**vandrade**	*wandern*
känna	**känner**	**kände**	*fühlen, kennen*
läsa	**läser**	**läste**	*lesen*
höra	**hör**	**hörde**	*hören*
bo	**bor**	**bodde**	*wohnen*

2 → 21

Hören und lesen Sie den Text. Unterstreichen Sie die Verben in der Vergangenheitsform.

I somras vandrade jag i Sverige med en kompis. Vi badade i sjön och fiskade. Vi kokade soppa över en eld. Innan dess samlade vi torra grenar för att elda med. Vatten hämtade vi ur en källa eller ur sjön. Vi plockade bär och svamp.

Enligt Allemansrätten får man göra allt detta om man inte är för nära ett bostadshus. Naturligtvis förstörde vi inte naturen. På natten bodde vi i ett tält. En natt när vi tältade hörde vi en älg. Men mest hörde vi och kände vi myggor!

Jag tyckte mest om en skog med många stora träd och buskar. Vi tältade bredvid en liten älv. En gång besökte oss en liten fågel i vår tält. Det var roligt!

Schreiben Sie die unterstrichenen Verben in die Liste und bilden Sie die Präsensform.

Präsens	Präteritum

LÖSUNG

3 vandrar, vandrade; badar, badade; fiskar, fiskade; kokar, kokade; samlar, samlade; hämtar, hämtade; plockar, plockade; förstör, förstörde; bor, bodde; tältar, tältade; hör, hörde; känner, kände; tycker om, tyckte om; besöker, besökte

Wenn man von Tagen in der Vergangenheit spricht, benutzt man die Präposition **i** und hängt an den Tag die Endung **-s**. Bei Jahreszeiten lautet die Endung **-as**.

måndag	**i måndags**	*letzten Montag*
tisdag	**i tisdags**	*letzten Dienstag*
osv.	**osv.**	*usw.*
vår	**i våras**	*letzten Frühling*
sommar	**i somras**	*letzten Sommer*
höst	**i höstas**	*letzten Herbst*
vinter	**i vintras**	*letzten Winter*

Vervollständigen Sie die Sätze mit der Vergangenheitsform.

A I går (läsa) ____________ jag en bra bok.

B I måndags (regna) ____________ det.

C Förra veckan (cykla) ____________ min kompis från Göteborg till Stockholm.

D 2008 (köpa) ____________ Annas bror ett hus.

E I vintras (semestra) ____________ vi i Schweiz.

Die Jahreszahlen werden im Schwedischen wie im Deutschen gesagt: **1976** heißt also **nittonhundrasjuttiosex**. Allerdings gilt dies auch im neuen Jahrtausend! Zu **2010** sagt man also **tjugohundratio**.

Kreuzen Sie die richtige Übersetzung der folgenden Tiere an.

1. en häst
- A Bulle
- B Pferd
- C Schaf

2. en gris
- A Bär
- B Kuh
- C Schwein

3. en ko
- A Katze
- B Kuh
- C Tier

4. en katt
- A Katze
- B Kuh
- C Pferd

5. ett djur
- A Stier
- B Schaf
- C Tier

6. ett marsvin
- A Schwein
- B Meerschweinchen
- C Kuh

7. ett får
- A Schaf
- B Pferd
- C Vogel

8. en björn
- A Bär
- B Schwein
- C Tier

9. en älg
- A Elch
- B Pferd
- C Kuh

10. en mygga
- A Schaf
- B Mücke
- C Meerschweinchen

LÖSUNG

5 A läste; **B** regnade; **C** cyklade; **D** köpte; **E** semestrade • **6** 1B; 2C; 3B; 4A; 5C; 6B; 7A; 8A; 9A; 10B

Neben den regelmäßigen Verben gibt es im Schwedischen eine Reihe recht häufiger Verben, die die Vergangenheit unregelmäßig bilden. Diese müssen gesondert gelernt werden.

2

Verbinden Sie die Präsensform der unregelmäßigen Verben mit ihrer Vergangenheitsform.

1. kommer	___ **A** gjorde
2. det finns	___ **B** åt
3. äter	___ **C** såg
4. är	___ **D** drack
5. gör	___ **E** kom
6. drick	___ **F** kunde
7. går	___ **G** det fanns
8. kan	___ **H** hade
9. har	___ **I** var
10. ser	___ **J** gick

Lesen und hören Sie den Dialog.

Alma: Hej Olof! Hur är det med dig?

Olof: Bra, tack. Vi gick på operan i går, det var jättebra.

Alma: Jaså, vad såg ni?

Olof: Trollflöjten. Jag tycker om Mozart.

Alma: Det gör jag också, men nu tycker jag mer om Wagner, faktiskt.

Olof: Jaha. Förresten, såg du utställningen om Edvard Munch och expressionismen?

Alma: Nej, och nu är den ju slut. Det var synd. Jag gick på konsert i förrgår. Vilken vacker musik! Efteråt gick vi på restaurang och åt kaviar och drack champagne.

Olof: Ojdå, det var fint! Var det din kompis som bjöd på maten?

Alma: Nej, det var farbror Anders. Han är ganska rik, men han bor i Luleå så vi ses inte ofta.

Alma sagt **Det var synd**, meint aber die Gegenwart (*Das ist schade*). Derartigen Ausdrücken begegnet man öfter im Schwedischen, z.B. wenn man jemanden anruft und fragt **Var Sven hemma?** (*Ist Sven zuhause?*).

LÖSUNG

2 **1**E; **2**G; **3**B; **4**I; **5**A; **6**D; **7**J; **8**F; **9**H; **10**C

Welche Aussagen zum Text stimmen?

	richtig	falsch
1. Olof tycker om Mozart.	☐	☐
2. Trollflöjten är en opera.	☐	☐
3. Alma tycker inte om Mozart.	☐	☐
4. Alma gick på utställningen i förrgår.	☐	☐
5. Alma tyckte inte om musiken på konsert.	☐	☐
6. Almas kompis är rik.	☐	☐
7. Almas farbror bor i Luleå.	☐	☐
8. De ses ganska mycket.	☐	☐

5

Setzen Sie das passende Verb in die Lücken ein.

drack | var | gillade | åt | var | lever | gick | gillar

När jag __________ ung __________ jag ofta på bio. Jag __________ inte operan. Jag __________ mycket choklad och __________ mycket läsk. Jag __________ ett tjockt barn! Nu __________ jag hälsosamt och __________ konsert mer än bio.

Fest verbunden mit der schwedischen Kultur ist das schwedische Möbeldesign, das sich besonders durch seine Funktionalität und Einfachheit auszeichnet. Helle und klare Farben dominieren und oft wird Holz als Material eingesetzt.

Extrem bekannt ist natürlich das Möbelhaus IKEA, das von Ingvar Kamprad vom Hof Elmtaryd in Agunnaryd 1943 in Småland gegründet wurde. IKEA steht also für **I**ngvar **K**amprad **E**lmtaryd, **A**gunnaryd. Erst seit 1947 wurden auch Möbel verkauft und ab 1951 verteilte Ingvar Kamprad Kataloge, in denen erstmalig die Möbel in Zimmern dargestellt wurden. So bekam IKEA großen Einfluss auf die Häusereinrichtung.

Übersetzen Sie.

A *Als ich jung war, konnte ich kein Schwedisch sprechen.*

____

B *Gestern bin ich in die Oper gegangen.*

____

C *Vorgestern habe ich ein Buch gelesen.*

____

LÖSUNG

4 1. richtig; **2.** richtig; **3.** falsch; **4.** falsch; **5.** falsch; **6.** falsch; **7.** richtig; **8.** falsch • **5** var; gick; gillade; åt; drack; var; lever; gillar • **7 A** När jag var ung kunde jag inte prata svenska. **B** I går gick jag på operan. **C** I förrgår läste jag en bok.

19

Verbinden Sie die Kleidungsstücke mit ihrer Übersetzung.

1. en blus	___ **A** *Mantel*
2. byxor	___ **B** *Pullover*
3. en kjol	___ **C** *Jackett*
4. en jacka	___ **D** *Hemd*
5. en kappa	___ **E** *Strickjacke*
6. en tröja	___ **F** *Rock*
7. en kofta	___ **G** *Bluse*
8. en kavaj	___ **H** *Kleid*
9. en skjorta	___ **I** *Hose*
10. en klänning	___ **J** *Jacke*

2 → 23

Lesen und hören Sie den Text.

Kund: Ursäkta, jag har en fråga. Har du den här kjolen också i svart?

Kunde: *Entschuldigung, ich habe eine Frage. Haben Sie den Rock auch in schwarz?*

Expedit: Ja, det har vi. Vilken storlek har du?

Verkäufer: *Ja, haben wir. Welche Größe haben Sie?*

Kund: Jag har storlek 38.

Kunde: *Ich habe Größe 38.*

Expedit: Varsågod. Provhytten är där borta till vänster.

Verkäufer: *Bitteschön. Die Umkleidekabine ist da drüben links.*

Kund: Tack så mycket.

Kunde: *Danke sehr.*

Expedit: Passar den?

Verkäufer: *Passt er?*

Kund: Ja, den passar precis. Jag letar också efter en jacka som passar bra till.

Kunde: *Er passt genau. Ich suche außerdem nach einer Jacke, die gut dazu passt.*

Expedit: Den här randiga jackan kanske?

Verkäufer: *Diese gestreifte Jacke vielleicht?*

Kund: Nej, jag vill hellre ha en enfärgad jacka. Får jag köpa kjolen på öppet köp?

Kunde: *Nein, ich möchte lieber eine einfarbige Jacke. Kann ich den Rock mit Rückgaberecht kaufen?*

Expedit: Ja, jag antecknar det på kvittot. Det gäller fjorton dagar.

Verkäufer: *Ja, ich schreibe es auf den Kassenbon. Es gilt für 14 Tage.*

LÖSUNG

1 1G; 2I; 3F; 4J; 5A; 6B; 7E; 8C; 9D; 10H

Kreuzen Sie die richtige Antwort an.

1. Kunden vill prova ...
- **A** en blus.
- **B** ett par byxor.
- **C** en kjol.

2. Hon har storlek ...
- **A** 38.
- **B** 42.
- **C** 36.

3. Hon väljer ...
- **A** blått.
- **B** grått.
- **C** svart.

4. Provhytten är ...
- **A** till höger.
- **B** till vänster.
- **C** bakom kassan.

5. Hon letar också efter ...
- **A** en blus.
- **B** en jacka.
- **C** en kofta.

6. Kunden köper ...
- **A** den randiga blusen.
- **B** på öppet köp.
- **C** ingenting.

   6.3

Viele Adverbien werden unregelmäßig gesteigert. Ein Beispiel finden Sie im Text: **"Jag vill hellre ha en enfärgad jacka."** heißt auf Deutsch: *„Ich möchte lieber eine einfarbige Jacke."* **Hellre** ist also die Steigerung von **gärna**. Die Superlativform lautet **helst**.

Öppet köp bedeutet, dass der Kunde sein Geld zurückbekommt, wenn er die Ware innerhalb einer bestimmten Frist zurückgibt. Möchte der Kunde diese Möglichkeit nutzen, muss er dies vor dem Bezahlen sagen.

6

Schreiben Sie die Utrum-, Neutrum- und Pluralformen der Farben auf.

Utrum	Neutrum	Plural
______	vitt	______
röd	______	______
______	______	blåa
______	grått	______
lila	______	lila

skor

stövlar

sockor

7

Was tragen Sie? Unterstreichen Sie, was am ehesten auf Sie zutrifft.

Jag har (en blus / en skjorta) och (en tröja / en kofta) på mig. På benen har jag (en kjol / ett par byxor). På mina fötter har jag ett par (skor / stövlar).

LÖSUNG

3 1C; 2A; 3C; 4B; 5B; 6B • **6** vit, vitt, vita; röd, rött, röda; blå, blått, blåa; grå, grått, gråa; lila, lila, lila

20

1

Lernen Sie die Möbelstücke und ergänzen Sie den Plural.

en soffa	______	*Sofa*
en fåtölj	______	*Sessel*
en bokhylla	______	*Bücherregal*
en matta	______	*Teppich*
ett bord	______	*Tisch*
en stol	______	*Stuhl*
en säng	______	*Bett*
en garderob	______	*Kleiderschrank*
ett skåp	______	*Schrank*
en lampa	______	*Lampe*
en spis	______	*Herd*

2

Ordnen Sie die Zimmer ihrer deutschen Übersetzung zu.

1. ett vardagsrum	___ **A**	*Schlafzimmer*
2. ett badrum	___ **B**	*Flur*
3. en hall	___ **C**	*Arbeitszimmer*
4. ett sovrum	___ **D**	*Wohnzimmer*
5. en balkong	___ **E**	*Esszimmer*
6. en matsal	___ **F**	*Küche*
7. ett arbetsrum	___ **G**	*Badezimmer*
8. ett kök	___ **H**	*Balkon*

Trennen Sie die Wortschlange und ordnen Sie die Möbel und Dinge den passenden Zimmern zu.

s ä n g f å t ö l j d i s k m a s k i n t o a l e t t

A vardagsrum: ______________________

B sovrum: ______________________

C kök: ______________________

D badrum: ______________________

24

Hören und lesen Sie den Text.

Jag har en liten enrumslägenhet med vardagsrum, kök, badrum och hall. Jag har varken balkong eller sovrum. I vardagsrummet står en gammal soffa med många kuddar i och två sköna fåtöljer. Dessutom har jag en färgglad matta på golvet och många affischer på väggen. Både stereon och teven står i bokhyllan mittemot soffan. Sängen står bakom skrivbordet. Mina kläder hänger i garderoben som står i vardagsrummet. I hallen finns det skåp för alla mina grejer. Jag har många golvlampor, däremot har jag inte någon taklampa. I köket har jag inte bara en spis och ett stort kylskåp utan också ett bord med två stolar. Just nu har jag sparat lite pengar så att jag kan köpa antingen en diskmaskin eller en tvättmaskin.

LÖSUNG

1 soffor; fåtöljer; bokhyllor; mattor; bord; stolar; sängar; garderober; skåp; lampor; spisar • **2** 1D; 2G; 3B; 4A; 5H; 6E; 7C; 8F • **3** **A** fåtölj; **B** säng; **C** diskmaskin; **D** toalett

5

Finden Sie im Text die Konjunktionen und ordnen Sie sie ihrer deutschen Übersetzung zu.

______________________ *weder ... noch*

______________________ *außerdem*

______________________ *sowohl ... als auch*

______________________ *hingegen*

______________________ *nicht nur ... sondern auch*

______________________ *sodass*

______________________ *entweder ... oder*

6

Lesen Sie den Text und setzen Sie die richtige Übersetzung ein.

Jag bor i *(eine große Wohnung)* ______________________ på andra våningen. I *(dem Wohnzimmer)* ______________________ står en *(rotes Sofa)* ______________________ och två *(rote Sessel)* ______________________. På väggen hänger *(einige Poster)* ______________________. Jag har en matsal med ett runt *(Tisch)* ______________________ och fyra *(Stühle)* ______________________. När vädret är fint sitter jag ute på *(dem kleinen Balkon)* ______________________

____.

I *(meinem Badezimmer)* ______________________ har jag *(sowohl)* ______________ en dusch *(als auch)* ______________ ett badkar. Och ett tvättfat, förstås. Dessutom har jag *(eine Waschmaschine)* ______________________________.

I köket finns det en stor *(Herd)* ______________________, en ny mikrovågsugn och en liten *(Spülmaschine)* ______________________.

Achtung!
Mit **våning** ist nicht etwa das deutsche Wort *Wohnung* gemeint, sondern *die Etage*:
en lägenhet = *Wohnung*
en våning = *Etage*

LÖSUNG

5 varken ... eller; dessutom; både ... och; däremot; inte bara ... utan också; så att; antingen ... eller • **6** en stor lägenhet; vardagsrummet; röd soffa; röda fåtöljer; några affischer; bord; stolar; den lilla balkongen; mitt badrum; både; och; en tvättmaskin; spis; diskmaskin

21

Im Schwedischen werden die Berufe wie im Deutschen ohne Artikel genannt. Es heißt also **Jag är lärare** (*Ich bin Lehrer*). Berufsbezeichnungen auf **-are** stehen sowohl für die männliche als auch für die weibliche Form und sind im Plural unverändert. Bei vielen anderen Berufen wird für die weibliche Form die Endung **-ska** oder **-inna** angehängt. Dies wird jedoch immer seltener. Berufe haben immer die en-Form – außer dem Wort *Beruf* selbst, denn das heißt **ett yrke**.

Verbinden Sie die Berufe mit ihrer deutschen Übersetzung.

1.	läkare	___ **A**	*Krankenschwester*
2.	polis	___ **B**	*Zimmermann*
3.	sjuksköterska	___ **C**	*Busfahrer*
4.	lärare	___ **D**	*Bäcker*
5.	sekreterare	___ **E**	*Arzt*
6.	timmerman	___ **F**	*Tierarzt*
7.	arbetare	___ **G**	*Lehrer*
8.	bagare	___ **H**	*Arbeiter*
9.	brevbärare	___ **I**	*Polizist*
10.	busschaufför	___ **J**	*Postbote*
11.	veterinär	___ **K**	*Sekretär*

3

Ordnen Sie die folgenden Berufe ihrem Arbeitsumfeld zu.

receptionisten | frisören | försäljaren | sekreteraren

A ______________________ jobbar i en affär.

B ______________________ jobbar på ett hotell.

C ______________________ jobbar på ett kontor.

D ______________________ jobbar i en salong.

4

Beantworten Sie die Fragen über Ihren Beruf mit **Ja, det gör/har jag** oder **Nej, det gör/har jag inte**.

1. Har du en 8 timmars arbetsdag? Ja, ______________
2. Jobbar du mest ute? Nej, ______________
3. Behöver du en dator för ditt jobb? Ja, ______________
4. Har du bra kolleger? Ja, ______________
5. Har du en hög lön? Nej, ______________
6. Bor du nära din arbetsplats? Ja, ______________
7. Har du en bra chef? Nej, ______________
8. Tycker du om ditt jobb? Ja, ______________

LÖSUNG

2 1E; 2I; 3A; 4G; 5K; 6B; 7H; 8D; 9J; 10C; 11F • **3** **A** Försäljaren; **B** Receptionisten; **C** Sekreteraren; **D** Frisören • **4** **1.** Ja, det har jag. **2.** Nej, det gör jag inte. **3.** Ja, det gör jag. **4.** Ja, det har jag. **5.** Nej, det har jag inte. **6.** Ja, det gör jag. **7.** Nej, det har jag inte. **8.** Ja, det gör jag.

Hören und lesen Sie die Sätze. Ordnen Sie die Bilder den Aussagen zu.

1. ____ Det här är Paula. Hon läser svenska i Uppsala. Hon är lärare.
2. ____ Det här är Gisela. Hon tänker arbeta i Sverige. Hon är läkare.
3. ____ Det här är Rolf. Han bor i Göteborg. Han läser på universitetet.
4. ____ Det här är Sven. Han semestrar i Sverige. Han är busschaufför.
5. ____ Det här är Ulla. Hon är sjuksköterska. Hon jobbar i Umeå.
6. ____ Det här är Peter. Han jobbar på kontor. Han har en sommarstuga i Värmland.

7. ___ Det här är Stina. Hon är polis. Hon jobbar i Stockholm.

8. ___ Det här är Astrid och Hans. De kommer från Tyskland. De jobbar som brevbärare.

Sicher ist Ihnen schon aufgefallen, dass französische Lehnwörter im Schwedischen oft so geschrieben werden, wie man sie ausspricht. Manchmal gibt es jedoch auch Mischformen aus französischer und schwedischer Schreibweise in ein und demselben Wort. Folgende Wörter kennen Sie jetzt schon: **restaurang, salong, balkong, chaufför, fåtölj**

Bilden Sie Sätze aus den Wörtern.

A klipper | En | frisör | hår *(Ein Friseur schneidet Haare.)*

____

B farligt | har | jobb | timmerman | En | ett *(Ein Zimmermann hat einen gefährlichen Beruf.)*

____

C människor | kontor | på | Många | jobbar *(Viele Menschen arbeiten im Büro.)*

____

LÖSUNG

5 1F; 2C; 3H; 4G; 5A; 6B; 7D; 8E • **6 A** En frisör klipper hår. **B** En timmerman har ett farligt jobb. **C** Många människor jobbar på kontor.

22

   5

Das Präteritum haben Sie bereits gelernt. Wie im Deutschen gibt es jedoch eine zweite Vergangenheitsform, das Perfekt, Dies wird mit **ha** und dem Perfekt Partizip gebildet. In der Regel erhält der Verbstamm die Endung **-t**. Die starken und unregelmäßigen Verben müssen auch hier wieder separat gelernt werden.

Anders als im Deutschen verwendet man das Präteritum im Schwedischen, wenn eine Handlung abgeschlossen ist. Die Verwendung des Perfekts zeigt hingegen an, dass eine Handlung in der Vergangenheit angefangen hat, aber bis zum jetzigen Zeitpunkt andauert. Zeitangaben wie *seit* ... weisen auf das Perfekt hin.

Jag jobbade på ett internet-kafé när jag var ung.	*Ich habe in einem Internetcafé gearbeitet, als ich jung war (und heute nicht mehr).*
Jag har surfat varje dag på nätet i tre år.	*Ich surfe seit drei Jahren jeden Tag im Internet.*

Setzen Sie das Verb in der richtigen Vergangenheitsform ein.

Jag (läsa) ______________________ tidningen i går.
(Ich habe die Zeitung fertig gelesen.)

Jag (läsa) ______________________ tidningen i två timmar.
(Ich lese sie immer noch.)

Lesen Sie das Bewerbungsanschreiben und unterstreichen Sie die Vergangenheitsformen.

Gotland Turism AB — *Visby, 2009-09-27*

Ansökan: Turistbyråassistent

Jag heter Alma Svensson, är 20 år och vill gärna arbeta hos er på Gotland Turism AB. Jag har bott i Visby i tio år och känner till Gotland mycket bra. Jag söker nya, intressanta arbetsuppgifter som har med service att göra.

Jag tog studenten våren 2008 och har nu börjat läsa engelska och tyska på universitetet i Växjö. Efter skolan jobbade jag som au pair i England i ett år och talar därför flytande engelska. Jag har arbetat inom restaurangbranschen under flera sommar och som assistent på en resebyrå under tre månader i somras. De här arbeten har varit intressanta och jag tror att jag har lärt mig mycket som kan vara viktigt i ett arbete på Gotland Turism AB.

Jag är positiv och noggrann och är inte rädd för att jobba mycket. Jag har lätt för att samarbeta med andra personer, även i grupp. Jag tycker också om att ha kontakt med kunder. På fritiden lagar jag gärna mat och spelar innebandy.

Jag hoppas på ett positivt svar och kommer gärna och berättar mer om mig själv.

Alma Svensson

LÖSUNG

2 läste; har läst • **3** har bott; tog; har börjat; jobbade; har arbetat; har varit; har lärt mig

Welche Aussagen zum Text stimmen?

	richtig	falsch
1. Alma går på skolan.	☐	☐
2. Hon har bott i på Gotland i tio år.	☐	☐
3. Hon bodde i Tyskland i ett år.	☐	☐
4. Hon talar flytande franska.	☐	☐
5. Hon har jobbat i en resebyrå.	☐	☐
6. Alma är noggrann.	☐	☐
7. Hon tycker om att laga mat.	☐	☐
8. Hon spelar ishockey.	☐	☐

Der Lebenslauf (**Curriculum Vitae**) wird in Schweden grundsätzlich tabellarisch in umgekehrt chronologischer Reihenfolge geschrieben. Das bedeutet, die aktuellsten Daten stehen ganz oben in der Liste. Die persönlichen Daten sollte man in Ausbildung (**Utbildning**) und Berufserfahrung (**Arbetslivserfarenhet**) unterteilen. Zusätzlich sollte man angeben, welche Sprachen man spricht und mit welchen Computerprogrammen man vertraut ist.

Hobbys werden im Lebenslauf in der Regel nicht angegeben. Man kann sie jedoch im Anschreiben erwähnen.

94 | 95

6

Schreiben Sie die Präsens- und Präteritumsformen zu den folgenden Verben aus dem Text.

Neue Vokabeln sind **börja** (*anfangen*) und **lära** (*lernen*).

Präsens	**Präteritum**	**Perfekt**
________	________	har bott
________	________	har börjat
________	________	har arbetat
________	________	har varit
________	________	har lärt

7

Sehen Sie sich besonders die unregelmäßigen Verben in § 5 an und schreiben Sie die fehlenden Zeitformen der folgenden Verben aus dem Text auf.

Präsens	**Präteritum**	**Perfekt**
heter	________	________
känner	________	________
________	tog	________
tror	________	________

LÖSUNG

4 1. falsch; **2.** richtig; **3.** falsch; **4.** falsch; **5.** richtig; **6.** richtig; **7.** richtig; **8.** falsch ▪ **6** bor, bodde; börjar, började; arbetar, arbetade; är, var; lärer, lärde ▪ **7** hette, hetat; kände, känt; tar, tagit; trodde, trott

1 → 26

Hören Sie sich das schwedische Alphabet an.

A B C D E F G H I J K L M N O
P Q R S T U V W X Y Z Å Ä Ö

Achtung!
Die Buchstaben **Å, Ä, Ö** befinden sich immer am Ende des Alphabets, auch in Wörterbüchern, Lexika und Telefonbüchern.

2 → 27

Buchstabieren Sie die Namen der schwedischen Persönlichkeiten. Hören Sie sich anschließend die CD an und wiederholen Sie die Übung.

1. Astrid Lindgren
2. Björn Borg
3. Göran Persson
4. Selma Lagerlöf
5. Olof Palme
6. Dag Hammarskjöld
7. Håkan Nesser
8. Magdalena Forsberg
9. Drottning Silvia
10. Jan Boklöv

3

Jemand fragt Sie nach Ihrem Namen und sagt dann **"Hur stavar man det?"** (*Wie buchstabiert man das?*) Buchstabieren Sie Ihren eigenen Namen. Achten Sie darauf, dass O wie U und U ähnlich wie Ü ausgesprochen wird.

4 → § 5.7

Es gibt im Schwedischen mehrere Zukunftsformen. **Tänka** + Infinitiv drückt eine Absicht aus, **ska** + Infinitiv zeigt an, dass etwas wahrscheinlich passieren wird und **komma att** + Infinitiv bedeutet, dass man selbst überzeugt ist, dass etwas geschehen wird.

Oft kann man die Zukunftsform umgehen, indem man den Zeitpunkt in der Zukunft nennt und das Verb im Präsens belässt: **Nästa vecka åker jag till Stockholm** (*Nächste Woche fahre ich nach Stockholm*).

Lesen Sie den Dialog und unterstreichen Sie die Zukunftsformen.

Sven: Hej, jag tänker åka till Ryssland om några veckor och jag behöver ett pass.
Tjänsteman: Jaha. Vad heter du?
Sven: Sven Lundgren.
Tjänsteman: Personnummer?
Sven: 760702-7751
Tjänsteman: Hur länge tänker du stanna i Ryssland?
Sven: Inte längre än två veckor.
Tjänsteman: Har du en e-post adress? Så ska vi skicka ett mejl när passet har kommit.
Sven: Ja, det är sven76@epost.se. Tack och hejdå.
Tjänsteman: Hejdå!

LÖSUNG

5 tänker åka; tänker stanna; ska skicka

Alle schwedischen Einwohner haben eine Personennummer, die sich folgendermaßen zusammensetzt:

Ziffer 1 und 2 zeigen das Geburtsjahr an, Ziffer 3 und 4 den Geburtsmonat, Ziffer 5 und 6 den Geburtstag. Die Ziffern 7 und 8 stehen für den Geburtsort (wenn er innerhalb Schwedens liegt). Ziffer 9 zeigt das Geschlecht an: Männer haben eine ungerade, Frauen eine gerade Nummer. Ziffer 10 schließlich ist eine Kontrollnummer.

E-Mail wird im Schwedischen meistens als **e-post** oder **mejl** bezeichnet. Das Zeichen @ heißt **snabel-a**.

Welche Aussagen über Text 5 stimmen?

	richtig	falsch
1. Sven tänker åka till Ryssland.		
2. Han behöver ett pass.		
3. Han är född i 1982.		
4. Han har ingen e-post adress.		

8

Setzen Sie die richtige Zukunftsform in den Lückentext ein.

A I morgon *(habe ich vor)* _______________ koppla av. Jag *(werde)* _______________ laga mat, läsa en bra bok och kanske titta på teve. Det stod i tidningen att det *(wird bestimmt)* _______________ regna hela veckan. Men det tror jag inte! Det kan inte vara sant.

B Jag *(werde)* _______________ flytta till en ny lägenhet. Det *(wird bestimmt)* _______________ vara ganska besvärlig med alla möbler, böcker osv. Men först måste jag hitta en ny lägenhet!

9

Übersetzen Sie und finden Sie das Lösungswort.

Essen: ▢ _ _

E-Mail: ▢ - _ _ _ _

Sessel: _ _ _ _ _ ▢

lesen: ▢ _ _ _

Lösungswort: _ _ _ _

LÖSUNG

7 1. richtig; **2.** richtig; **3.** falsch; **4.** falsch • **8 A** tänker jag; ska; kommer att; **B** ska; kommer att; tänker jag; kommer inte att • **9** mat; e-post; fåtölj; läsa; Lösungswort: mejl

Verbinden Sie die Körperteile mit ihrer deutschen Übersetzung. Viele Wörter klingen ähnlich wie im Deutschen!

1.	en arm	___ **A**	*Hand*
2.	ett ben	___ **B**	*Hals*
3.	ett bröst	___ **C**	*Knie*
4.	en hand	___ **D**	*Bein*
5.	en fot	___ **E**	*Fuß*
6.	en mage	___ **F**	*Nacken*
7.	ett huvud	___ **G**	*Arm*
8.	en hals	___ **H**	*Rücken*
9.	en nacke	___ **I**	*Kopf*
10.	ett knä	___ **J**	*Brust*
11.	en rygg	___ **K**	*Bauch*

Wie im Deutschen bilden **hand** und **fot** den Plural mit einem Umlaut:

SINGULAR	best. Form	PLURAL	best. Form
hand	**handen**	**händer**	**händerna**
Hand	*die Hand*	*Hände*	*die Hände*
fot	**foten**	**fötter**	**fötterna**
Fuß	*der Fuß*	*Füße*	*die Füße*

Im Fall einer akuten Krankheit wendet man sich zunächst an die nächste **vårdcentralen**. Dies ist eine Art Ärztezentrum mit Krankenschwestern und Ärzten. In einigen kleinen Gemeinden gibt es nur eine **distriktssköterska** (*Gemeindeschwester*), die für die Erstversorgung zuständig ist. Die Öffnungszeiten der **vårdcentralen** sind wochentags von 8:00 bis 17:00 Uhr. Außerhalb der Öffnungszeiten ist die Unfallstation (**akutmottagning**) des nächsten Krankenhauses zuständig.

Für die Behandlung muss man zwischen 10 und 30 Euro direkt vor Ort bezahlen.

  28

Hören Sie sich das Telefonat an.

Syster Anna: Vårdcentralen, hej.
Schwester Anna: *Arztzentrale, hallo.*
Sven: Hej, jag tror jag har brutit armen.
Sven: *Hallo, ich glaube, ich habe mir den Arm gebrochen.*
Syster Anna: Jaså, vad har du gjort?
Schwester Anna: *Aha, was haben Sie gemacht?*
Sven: Jag har spelat volleyboll.
Sven: *Ich habe Volleyball gespielt.*
Syster Anna: Då skulle du komma hit meddetsamma.
Schwester Anna: *Dann sollten Sie sofort herkommen.*

LÖSUNG

1 1G; 2D; 3J; 4A; 5E; 6K; 7I; 8B; 9F; 10C; 11H

Welcher Teil des Gesichtes wird beschrieben? Kreuzen Sie an.

1. Jag ser med mina ...
- **A** öron.
- **B** ögon.
- **C** fötter.

2. Jag pratar med min ...
- **A** panna.
- **B** mun.
- **C** kind.

3. Under munnen befinner sig ...
- **A** näsan.
- **B** hakan.
- **C** ögonen.

4. Jag luktar med min ...
- **A** panna.
- **B** mun.
- **C** näsa.

5. Över ögonen befinner sig ...
- **A** pannan.
- **B** öronen.
- **C** näsan.

6. Jag hör med mina ...
- **A** ögon.
- **B** kinder.
- **C** öron.

7. Han har alltid röda ...
- **A** kinder.
- **B** näsor.
- **C** pannor.

Auch bei den Sinnesorganen gibt es zwei Ausnahmen:

SINGULAR	best. Form	PLURAL	best. Form
öga	**ögat**	**ögon**	**ögonen**
Auge	*das Auge*	*Augen*	*die Augen*
öra	**örat**	**öron**	**öronen**
Ohr	*das Ohr*	*Ohren*	*die Ohren*

Lesen Sie den Dialog und schreiben Sie die Übersetzungen der deutschen Sätze auf.

Alma: Hur mår du?
Sven: Jag mår illa. Jag är trött och har ont i halsen.
Alma: Du är säkert förkyld. Krya på dig!
Sven: Och du? Är du fortfarande sjuk?
Alma: Nej, jag är frisk igen.

A *Wie fühlst du dich?* ________________

B *Ich fühle mich schlecht.* ________________

C *Ich bin müde.* ________________

D *Ich habe Halsschmerzen.* ________________

E *Gute Besserung!* ________________

F *Bist du immer noch krank?* ________________

G *Ich bin wieder gesund.* ________________

LÖSUNG

5 1B; 2B; 3B; 4C; 5A; 6C; 7A • **7** **A** Hur mår du? **B** Jag mår illa. **C** Jag är trött. **D** Jag har ont i halsen. **E** Krya på dig! **F** Är du fortfarande sjuk? **G** Jag är frisk igen.

25

Den Konjunktiv bildet man im Schwedischen meist mit **skulle vilja** (*würde gern*) + Infinitiv. *Ich würde gern etwas essen* heißt also **Jag skulle vilja äta någonting**. Im folgenden Text finden Sie auch **skulle kunna** (*könnte*) + Infinitiv. **Vore** (*wäre*) ist die Konjunktivform von **vara** (*sein*). Dies ist das einzige Verb, das sich noch eine eigene Konjunktivform erhalten hat.

Hören Sie den Dialog und unterstreichen Sie die Konjunktivformen.

Sven: Vi kan väl gå ut och äta på lördag kväll?

Alma: Det skulle jag gärna vilja. Tyvärr har jag ingen tid, jag måste jobba.

Sven: Du måste jobba på lördag? Det är klart att du alltid är så stressad! Söndag då? Jag skulle gärna gå till den nya restaurangen.

Alma: Dit skulle jag också gärna gå, men jag spelar innebandy på söndag. Men du skulle kunna komma hem till mig på fredag kväll om du vill.

Sven: Ja, det vore kul. Då kommer jag och vi tittar på någon film.

Alma: Jag skulle vilja motionera lite också. Kan vi inte gå och simma först och titta på filmen efteråt?

Sven: Ja, så gör vi.

3

Die folgenden Adjektive können Sie verwenden, um Ihren Gefühlszustand zu beschreiben.

arg	*wütend*	**stressad**	*gestresst*
glad	*froh*	**trött**	*müde*
ledsen	*traurig*	**sjuk**	*krank*
rädd	*ängstlich*	**frisk**	*gesund*

4

Unterstreichen Sie, welches Gefühl in den folgenden Situationen am ehesten auf Sie zutrifft.

A Jag blir (glad / stressad) när jag hör musik på hög volym.

B Jag mår (bra / sjuk) av att dricka ett glas vin.

C Jag blir (glad / stressad) när jag träffar gamla bekanta.

D Jag blir (arg / trött) när någon pratar för mycket.

E Jag blir (arg / ledsen) när mitt fotbollslag förlorar.

glad

trött

LÖSUNG

2 skulle jag gärna vilja; skulle gärna gå; skulle jag också gärna gå; skulle kunna komma; vore; skulle vilja motionera

Lesen Sie den Text in 2 noch einmal und schreiben Sie die Ortsadverbien auf.

____

____

Im Schwedischen verändern sich die Ortsadverbien je nachdem, ob sie eine Richtung oder einen Ort anzeigen. Sehen Sie sich die Tabelle im Grammatikteil an und ergänzen Sie die fehlenden Formen.

Ort	**Richtung**
______	hem
här	______
______	dit
ute	______

Innebandy ist ein sehr beliebter Mannschaftssport in Schweden - der beliebteste nach Fußball. Er wird mit einem kleinen, harten Ball und leichten Schlägern aus Plastik gespielt, die an eine Mischung aus Hockey- und Eishockeyschlägern erinnern.

Während man **Bandy** im Winter auf dem Eis spielt, wird **Innebandy** in einer Halle im Laufen ausgetragen

8

Verbinden Sie die Satzteile miteinander.

1. Om du har ont i halsen ... ____ **A** när hon dansar.

2. För att gympa ... ____ **B** går jag på bio.

3. Om jag vill se en film ... ____ **C** och om att bada bastu.

4. Om vädret är fint ... ____ **D** går jag på yoga.

5. Hon blir glad ... ____ **E** när han sjunger.

6. Du blir stressad ... ____ **F** dricker han kaffe.

7. Han tycker om att simma ... ____ **G** ta en halstablett.

8. Om jag har ont i ryggen ... ____ **H** åker vi skidor.

9. Det gör ont i öronen ... ____ **I** när du jobbar för mycket.

10. När han är trött ... ____ **J** behöver du gymnastikskor.

11. På vintern ... ____ **K** jobbar han i trädgården.

LÖSUNG

5 ut; dit; hem; hemma • **6** hemma, hem; här, hit; där, dit; ute, ut • **8** 1G; 2J; 3B; 4K; 5A; 6I; 7C; 8D; 9E; 10F; 11H

ANHANG

1

Grammatik

2

Wortschatz

§ 1 ARTIKEL

§ 1.1 Unbestimmter Artikel

Im Schwedischen gibt es nur zwei Geschlechter: Utrum und Neutrum. Die unbestimmten Artikel lauten im Singular **en** (Utrum) und **ett** (Neutrum) und stehen vor dem Substantiv. Im Plural gibt es keinen unbestimmten Artikel.

Utrum	
en dag	*ein Tag*
en flicka	*ein Mädchen*
en nyckel	*ein Schlüssel*
en början	*ein Anfang*

Neutrum	
ett äpple	*ein Apfel*
ett bageri	*eine Bäckerei*
ett barn	*ein Kind*
ett fönster	*ein Fenster*
ett museum	*ein Museum*

Insgesamt gibt es mehr en- als ett-Wörter!

§ 1.2 Bestimmter Artikel

Singular

Anders als im Deutschen wird der bestimmte Artikel im Schwedischen als Endung an das Substantiv angehängt. Nur wenn vor dem Substantiv ein Adjektiv steht, wird zusätzlich der bestimmte Artikel **den/det** (Singular) oder **de** (Plural) gebraucht (→ § 3.2).

Als Demonstrativpronomen verwendet man **den/det/de här** (*diese/r/s*) und **den/det/de där** (*jene/r/s*) und den bestimmten Artikel.

Im Utrum heißt der angehängte Artikel **-en**, wenn das Wort auf einen Konsonanten auslautet, und **-n**, wenn es auf einen Vokal endet oder einen unbetonten Vokal + **-l** oder-**r**. Bei den meisten Substantiven, die auf **-an** oder **-en** auslauten, sind die unbestimmte und bestimmte Form identisch.

Utrum	
dag**en**	*der Tag*
flicka**n**	*das Mädchen*
nyckel**n**	*der Schlüssel*
början	*der Anfang*

Im Neutrum heißt der angehängte Artikel **-et**, wenn das Wort auf einen Konsonanten auslautet, und **-t**, wenn es auf einen Vokal endet. Bei Wörtern, die auf unbetontes **-el**, **-en**, **-er** enden, verschwindet das **-e-** aus dem Stamm. Wörter auf **-eum**, **-ium** und einige auf **-um** verlieren das **-um**, wenn der bestimmte Artikel angehängt wird.

Neutrum	
äppl**et**	*der Apfel*
bageri**et**	*die Bäckerei*
barn**et**	*das Kind*

fönstr**et**	*das Fenster*
muse**et**	*das Museum*

Ausnahmen sind: **ett album - albumet** *(ein/das Album)*, **ett datum - datumet** *(ein/das Datum)*.

Plural

Auch im Plural wird der bestimmte Artikel an das Substantiv angehängt. Im Utrum und bei manchen Wörtern im Neutrum heißt der bestimmte Artikel **-na**, bei anderen Neutrum-Wörtern **-en** oder **-a**. Er wird an die Pluralform des Substantivs angehängt. Bei Wörtern ohne Pluralendung wird er direkt an den Stamm angeschlossen. Bei Wörtern, die auf unbetontes **-el**, **-en**, **-er** enden, verschwindet das **e** aus dem Stamm.

unbestimmte Form		bestimmte Form	
dagar	*Tage*	dagar**na**	*die Tage*
kvinnor	*Frauen*	kvinnor**na**	*die Frauen*
nycklar	*Schlüssel*	nycklar**na**	*die Schlüssel*
äpplen	*Äpfel*	äpplen**a**	*die Äpfel*
museer	*Museen*	museer**na**	*die Museen*
barn	*Kinder*	barn**en**	*die Kinder*
fönster	*Fenster*	fönstr**en**	*die Fenster*

§ 1.3 Bestimmter Artikel

Meist wird der Artikel im Schwedischen wie im Deutschen verwendet. In folgenden Fällen steht kein Artikel:

Bei Berufs-, Nationalitäts- und Religionsbezeichnungen, wenn das Substantiv nicht näher bestimmt ist:

Hon är lärare. — *Sie ist Lehrerin.*
Han är italienare. — *Er ist Italiener.*
Aber:
Hon är en bra lärare. — *Sie ist eine gute Lehrerin.*

Bei Stoff- oder Materialbezeichnungen oder bei Angabe der Ausstattung:

Jag dricker kaffe. — *Ich trinke Kaffee.*
Har du familj? — *Hast du (eine) Familie?*

Bei Angabe von Verkehrsmitteln:

Jag åker buss varje dag. — *Ich fahre täglich mit dem Bus.*
De kom med tåg. — *Sie kamen mit dem Zug.*

Bei Substantiven, die Abstrakta bezeichnen:

I regel är det så. — *In der Regel ist das so.*
Hon tittade med intresse. — *Sie schaute mit Interesse.*

Bei Werkzeugen, Instrumenten, Spielen u.ä.:

spela piano — *Klavier spielen*
spela fotboll — *Fußball spielen*

Nach vorausgehendem Genitiv:

Almas bok — *Almas Buch*
familjens hus — *das Haus der Familie*

Bei Personennamen und den meisten geografischen Namen:

Det här är Sven.	*Das ist Sven.*
Alma bor i Sverige.	*Alma wohnt in Schweden.*
Aber:	
Hon reser genom Mongoliet.	*Sie reist durch die Mongolei.*

§ 2 SUBSTANTIV: PLURALBILDUNG

§ 2.1 Unbestimmter Artikel

In diese Gruppe gehören Utrum-Wörter, die (bis auf wenige Ausnahmen) auf **-a** enden. Das **-a** fällt vor der Pluralendung weg.

Singular		Plural	
en flick**a**	*ein Mädchen*	flick**or**	*Mädchen*
en blomm**a**	*eine Blume*	blomm**or**	*Blumen*
Aber:			
en ros	*eine Rose*	ros**or**	*Rosen*

§ 2.2 Endung auf -ar: Utrum-Wörter

In diese Gruppe gehören die meisten einsilbigen Utrum-Wörter, sowie mehrsilbige auf **-ing**, **-e** oder unbetontes **-el**, **-en**, **-er**. Bei letzteren verschwindet das **e** aus dem Stamm (→ § 1.2).

In dieser Gruppe finden sich auch Substantive mit Vokalveränderung (Umlaut) von **o** zu **ö**.

Singular		Plural	
en arm	*ein Arm*	arm**ar**	*Arme*
en tidn**ing**	*eine Zeitung*	tidning**ar**	*Zeitungen*
en pojk**e**	*ein Junge*	pojk**ar**	*Jungen*
en nyck**el**	*ein Schlüssel*	nyckl**ar**	*Schlüssel*
en syst**er**	*eine Schwester*	systr**ar**	*Schwestern*
en m**o**(**de**)**r**	*eine Mutter*	m**ö**dr**ar**	*Mütter*

§ 2.3 Endung auf -(e)r: Utrum- und Neutrum-Wörter

In diese Gruppe gehören Utra und Neutra. Bei Wörtern, die auf unbetontes **-el**, **-er** enden, verschwindet das **e** aus dem Stamm. Wörter auf unbetontes **-a**, **-o**, **-um** verlieren diese Endung. Bei einsilbigen Substantiven mit langem Vokal, die auf Konsonant auslauten, wird dieser Vokal im Plural kurz. Es kommen in der Gruppe folgende Umlaute vor: **a** → **ä**, **å** → **ä**, **o** → **ö**.

Singular		Plural	
en katt	*eine Katze*	katt**er**	*Katzen*
en sko	*ein Schuh*	sko**r**	*Schuhe*
ett muse**um**	*ein Museum*	muse**er**	*Museen*
en get	*eine Ziege*	ge**tter**	*Ziegen*
en f**o**t	*ein Fuß*	f**ö**tt**er**	*Füße*
ett l**a**nd	*ein Land*	l**ä**nd**er**	*Länder*
en st**å**ng	*eine Stange*	st**ä**ng**er**	*Stangen*
en b**o**k	*ein Buch*	b**ö**ck**er**	*Bücher*

1 *Bei einigen Wörtern verschiebt sich die Betonung im Plural:* **pro'fessor**, *aber:* **profes'sorer.**

§ 2.4 Endung auf -n: Neutrum-Wörter

In diese Gruppe gehören nur Neutrum-Wörter, die auf einen Vokal enden.

Singular		Plural	
ett äppl**e**	*ein Apfel*	äpple**n**	*Äpfel*
ett kn**ä**	*ein Knie*	knä**n**	*Knie*

§ 2.5 Ohne Endung: Utrum- und Neutrum-Wörter

In diese Gruppe gehören Neutra, die auf Konsonant enden und Utra auf **-are**, **-iker**, **-ier**, **-ande**, **-ende**. Singular und Plural sind identisch oder unterscheiden sich nur durch Umlaut.

Singular		Plural	
ett hus	*ein Haus*	hus	*Häuser*
en lärare	*ein Lehrer*	lärare	*Lehrer*
en m**a**n	*ein Mann*	m**ä**n	*Männer*

§ 3 ADJEKTIV

§ 3.1 Starkes Adjektiv

Das starke Adjektiv steht mit dem unbestimmten Artikel und richtet sich in Geschlecht und Zahl nach dem zugehörigen Substantiv: Utra sind endungslos, Neutra haben die Endung **-t** und der Plural wird in beiden Fällen mit der Endung **-a** gebildet.

Utrum	Neutrum	Plural
stor	stor**t**	stor**a**

Anders als im Deutschen wird auch in prädikativer Stellung die flektierte Form verwendet.

attributive Stellung	prädikative Stellung
Jag ser **en** stor kyrka.	Kyrka**n** är stor.
Ich sehe eine große Kirche.	*Die Kirche ist groß.*
Jag ser **ett** stor**t** hus.	Hus**et** är stor**t**.
Ich sehe ein großes Haus.	*Das Haus ist groß.*
Jag ser stor**a** kyrkor.	Kyrkorna är stor**a**.
Ich sehe große Kirchen.	*Die Kirchen sind groß.*
Jag ser stor**a** hus.	Husen är stor**a**.
Ich sehe große Häuser.	*Die Häuser sind groß.*

In der Briefanrede wird für männliche Personen im Singular bisweilen die alte Form auf **-e** gebraucht.

männlich		weiblich	
Kär**e** Lars!	*Lieber Lars!*	Kär**a** Anna!	*Liebe Anna!*

Unregelmäßige Formen

Einsilbige Adjektive mit einem langen Vokal, die auf diesen Vokal, **-t** oder **-d** enden, erhalten im Neutrum die Endung **-tt**. Endet das Adjektiv auf Konsonant + **-d**, wird das **-d** im Neutrum zu einem **-t**. In allen Fällen wird der Vokal im Neutrum kurz ausgesprochen.

Utrum	Neutrum	Plural	
ny	ny**tt**	ny**a**	*neu*
vi**t**	vi**tt**	vi**ta**	*weiß*
go**d**	go**tt**	go**da**	*gut*
hår**d**	hår**t**	hår**da**	*hart*

Mehrsilbige Adjektive, die auf einen betonten Vokal + **-t** oder auf einen Konsonant + **-t** enden, fügen im Neutrum kein weiteres **-t** an.

Utrum	Neutrum	Plural	
trött	trött	trött**a**	*müde*
intressant	intressant	intressant**a**	*interessant*

Bei mehrsilbigen Adjektiven, die auf **-en**, **-el**, **-er** enden, fällt das **e** im Plural weg. Bei den Adjektiven auf **-en** verändert sich das **-n** im Neutrum zu **-t**.

Utrum	Neutrum	Plural	
vaken	vake**t**	vakn**a**	*wach*
enkel	enkel**t**	enkl**a**	*einfach*
vacker	vacker**t**	vackr**a**	*hübsch*

Sonderformen bilden die zwei Adjektive **gammal** und **liten**.

Utrum	Neutrum	Plural	
gammal	gammalt	ga**mla**	*alt*
liten	litet	**små**	*klein*

Einige Adjektive sind in allen Formen unveränderlich. Sie müssen separat gelernt werden.

Utrum/Neutrum/Plural	
bra	*gut*
extra	*extra*
gammaldags	*altmodisch*
äkta	*echt*
gratis	*kostenlos*
stackars	*bedauernswert*
lagom	*genau richtig*

§ 3.2 Schwaches Adjektiv

Das schwache Adjektiv steht mit der bestimmten Form des Substantivs, verbunden mit einem zusätzlichen freistehenden Artikel. Die Endung des schwachen Adjektivs lautet im Singular und Plural immer auf **-a**.

	Singular	Plural
Utrum	**den** stor**a** kyrka**n**	**de** stor**a** kyrkor**na**
	die große Kirche	*die großen Kirchen*
Neutrum	**det** stor**a** hus**et**	**de** stor**a** hus**en**
	das große Haus	*die großen Häuser*

Auch hier bildet das Adjektiv **liten** wieder eine Ausnahme.

	Singular	Plural
Utrum	**den lilla** kyrka**n**	**de små** kyrkor**na**
	die kleine Kirche	*die kleinen Kirchen*
Neutrum	**det lilla** huse**t**	**de små** hus**en**
	das kleine Haus	*die kleinen Häuser*

§ 3.3 Steigerung

Das Adjektiv wird im Komparativ auf **-are**, im Superlativ auf **-ast** gesteigert. Bei Adjektiven auf **-el**, **-en**, **-er** entfällt das **e**.

Positiv	Komparativ	Superlativ
fin	fin**are**	fin**ast**
fein	*feiner*	*am feinsten*
enkel	enkl**are**	enkl**ast**
einfach	*einfacher*	*am einfachsten*
vacker	vackr**are**	vackr**ast**
hübsch	*hübscher*	*am hübschesten*
mogen	mogn**are**	mogn**ast**
reif	*reifer*	*am reifsten*

Einige Adjektive bilden die Steigerung auf **-re** bzw. **-st**. Sie haben meist Umlaut: **u** → **y**, **å** → **ä**, **o** → **ö**.

Positiv	Komparativ	Superlativ
ung	**y**ng**re**	**y**ng**st**
jung	*jünger*	*am jüngsten*
st**o**r	st**ö**r**re**	st**ö**r**st**
groß	*größer*	*am größten*

l**å**ng	läng**re**	läng**st**
lang	*länger*	*am längsten*
f**å**	f**ärre**	f**ärst**
wenig	*weniger*	*am wenigsten*
hög	hög**re**	hög**st**
hoch	*höher*	*am höchsten*
sm**å**	sm**ärre**	sm**ärst**
unbedeutend	*unbedeutender*	*am unbedeutendsten*

Mehrsilbige Adjektive auf **-sk**, **-ad** sowie die Partizipien werden mit **mera** und **mest** gesteigert.

Positiv	Komparativ	Superlativ
typisk	**mera** typisk	**mest** typisk
typisch	*typischer*	*am typischsten*
begåvad	**mera** begåvad	**mest** begåvad
begabt	*begabter*	*am begabtesten*
förstående	**mera** förstående	**mest** förstående
verständnisvoll	*verständnisvoller*	*am verständnisvollsten*

Einige Adjektive werden unregelmäßig gesteigert.

Positiv	Komparativ	Superlativ
dålig	sämre	sämst
schlecht	*schlechter*	*am schlechtesten*
dålig	värre	värst
schlimm	*schlimmer*	*am schlimmsten*
gammal	äldre	äldst
alt	*älter*	*am ältesten*

liten	mindre	minst
klein	*kleiner*	*am kleinsten*
många	fler(a)	flest
viele	*mehr(ere)*	*am meisten*
god	bättre	bäst
gut	*besser*	*am besten*

Wenn **god** im Sinne von *lecker* gebraucht wird, ist die Steigerung regelmäßig: **god - godare - godast**.

Das Vergleichswort heißt im Schwedischen **lika ... som** (*so ... wie*) im Positiv und **än** (*als*) im Komparativ.

Positiv	Komparativ
Hon är lika stor som du.	Hon är större än han.
Sie ist so groß wie du.	*Sie ist größer als er.*

Die Komparativform ist unveränderlich. Die Superlative sind nur in der unbestimmten Form unveränderlich. Die bestimmte Form bilden die Superlative auf **-ast** mit der Endung **-e**, die Superlative auf **-st** mit der Endung **-a**. Doch auch letztere können die Endung **-e** erhalten, wenn sie sich auf männliche Personen beziehen.

den närmaste familjen	*die engste Familie*
den minsta flickan	*das kleinste Mädchen*
min bästa vänninna	*meine beste Freundin*
min bäste vän	*mein bester Freund*

§ 4 PRONOMEN

§ 4.1 Personalpronomen

Subjekt		Objekt	
jag	*ich*	mig	*mir, mich*
du	*du*	dig	*dir, dich*
han	*er*	honom	*ihm, ihn*
hon	*sie*	henne	*ihr, sie*
vi	*wir*	oss	*uns*
ni	*ihr*	er	*euch*
de	*sie*	dem	*ihnen, sie*

Für Sachen, Tiere und das Wort **barn** (*Kind*) verwendet man **den** (Utrum), **det** (Neutrum) und **de** (Plural).

§ 4.2 Possessivpronomen

Die Possessivpronomen bezeichnen den Besitzer und richten sich in Geschlecht und Zahl nach dem zugehörigen Substantiv. In der dritten Person Singular und Plural gibt es zwei verschiedene Formen, je nachdem, ob der Besitzer zugleich Subjekt des Satzes ist oder nicht.

Utrum	Neutrum	Plural	
min	mitt	mina	*mein(e/s)*
din	ditt	dina	*dein(e/s)*
Besitzer = Subjekt			
sin	sitt	sina	*sein(e/s), ihr(e/s)*
Besitzer ≠ Subjekt			
hans	hans	hans	*sein(e/s)*

Besitzer ≠ Subjekt			
hennes	hennes	hennes	*ihr(e/s)*
vår	vårt	våra	*unser(e/s)*
er	ert	era	*euer, eure(s)*
Besitzer = Subjekt			
sin	sitt	sina	*ihr(e/s) (Plural)*
Besitzer ≠ Subjekt			
deras	deras	deras	*ihr(e/s) (Plural)*

Sin, sitt, sina kann nie beim Subjekt stehen!

Besitzer = Subjekt	Besitzer ≠ Subjekt
Lars läser **sin** bok.	Lars läser **hans** bok.
Lars liest sein (eigenes) Buch.	*Lars liest sein (Svens) Buch.*

Nach dem Possessivpronomen steht das Adjektiv in seiner bestimmten Form.

min **stora** bil	*mein großes Auto*
ditt **stora** hus	*dein großes Haus*
er **stora** barn	*eure großen Kinder*

§ 4.3 Relativpronomen

Als Relativpronomen wird am häufigsten das unveränderliche **som** verwendet. Wenn **som** nicht Subjekt des Satzes ist, kann es auch weggelassen werden.

huset som är rött	*das Haus, das rot ist*
boken (som) jag tycker om	*das Buch, das ich mag*

§ 4.4 Indefinitpronomen

Indefinitpronomen bezeichnen eine unbestimmte Person oder Sache und passen sich in Geschlecht und Zahl an das bezeichnete Substantiv an.

Utrum	Neutrum	Plural	
någon	något	några	*irgendein(er/es)*
ingen	inget	inga	*kein(er/es)*
inte någon	inte något	inte några	*kein(er/es)*

In Nebensätzen und zusammengesetzten Zeiten darf **ingen/inget/inga** nicht verwendet werden!

De har **inget** hus.	*Sie haben kein Haus.*
De har **inte** haft **något** hus.	*Sie haben kein Haus gehabt.*
Jag vet att de **inte** har **något** hus.	*Ich weiß, dass sie kein Haus haben.*

§ 4.5 Interrogativpronomen und Fragewörter

Sie leiten direkte oder indirekte Fragesätze ein.

vem	*wer*	var	*wo*
vad	*was*	varför	*warum*
hur	*wie*	hur mycket	*wie viel*
när	*wann*	hur många	*wie viele*

Wenn **vem** oder **vad** Subjekt im indirekten Fragesatz ist, muss man **som** hinzusetzen. Ansonsten steht kein **som**.

Vi vet inte **vem som** kommer.	*Wir wissen nicht, wer kommt.*
Vi vet inte **vem** du träffade i går.	*Wir wissen nicht, wen du gestern trafst.*

§ 5 VERB

Im Schwedischen gibt es vier verschiedene Konjugationen. Es gibt keine unterschiedlichen Personalendungen, sondern nur eine einzige Verbform in jeder Zeit. Das Perfekt wird immer mit **ha** + dem Partizip Präsens gebildet. Der Imperativ ist immer mit dem Verbstamm identisch.

Vor einem alleinstehenden Infinitiv wird das Infinitivkennzeichen **att** gesetzt.

§ 5.1 Stamm = Infinitiv

In diese Gruppe gehören die Verben, deren Stamm gleichzeitig der Infinitiv ist. An diesen Stamm wird im Präsens die Endung **-r** und im Präteritum die Endung **-de** gehängt. Das Partizip Perfekt erhält die Endung **-t**.

Präsens	jag	måla**r**	*ich male*
	du		*du malst*
	han/hon		*er/sie malt*
	vi		*wir malen*
	ni		*ihr malt*
	de		*sie malen*

Präteritum	jag, du, han/ hon ...	måla**de**	*ich malte, du maltest, er/sie malte ...*
Perfekt	jag, du ...	har måla**t**	*ich habe gemalt, du hast gemalt ...*

§ 5.2 Stamm = Infinitiv ohne -a

In diese Gruppe gehören die Verben, deren Stamm ohne die Infinitivendung **-a** steht. Im Präsens erhält der Stamm die Endung **-er**, es sei denn, er endet auf Langvokal + **-r** oder **-l**. In diesem Fall bleibt das Verb im Präsens endungslos.

Im Präteritum lautet die Endung **-de**, es sei denn, der Stamm endet auf **-p**, **-t**, **-k**, **-s**. In dem Fall wird die Endung **-(t)e** verwendet. Endet der Stamm auf Vokal + **-d**, wird das **d** zum **t**.

Das Perfekt steht in jedem Fall mit der Endung **-t**. Endet der Stamm auf **-nd**, fällt das **-d** weg. Bei einem Stamm auf langen Vokal + **-d** wird das **d** zum **t**.

Präsens	Präteritum	Perfekt
jag stäng**er**	jag stäng**de**	jag har stäng**t**
ich schließe	*ich schloss*	*ich habe geschlossen*
jag kör	jag kör**de**	jag har kör**t**
ich fahre	*ich fuhr*	*ich bin gefahren*
jag tän**der**	jag tän**de**	jag har tän**t**
ich zünde an	*ich zündete an*	*ich habe angezündet*
jag råd**er**	jag rå**dde**	jag har rå**tt**
ich rate	*ich riet*	*ich habe geraten*

jag köp**er**	jag köp**te**	jag har köp**t**
ich kaufe	*ich kaufte*	*ich habe gekauft*
jag smält**er**	jag smäl**te**	jag har smäl**t**
ich schmelze	*ich schmolz*	*ich habe geschmolzen*

§ 5.3 Stamm = Infinitiv (einsilbig)

Diese Gruppe besteht aus einsilbigen Verben, die auf einen Vokal enden. An den Stamm wird im Präsens die Endung **-r**, im Präteritum die Endung **-dde** und im Perfekt die Endung **-tt** gehängt.

Präsens	Präteritum	Perfekt
jag sy**r**	jag sy**dde**	jag har sy**tt**
ich nähe	*ich nähte*	*ich habe genäht*

§ 5.4 Starke Verben

Die Verben dieser Gruppe verändern den Stammvokal (Ablaut). Die Formen müssen für jedes Verb einzeln gelernt werden.

Infinitiv	Präsens	Präteritum	Part. Perf.	
binda	binder	band	bund**it**	*binden*
falla	faller	föll	fall**it**	*fallen*
gå	går	g**ick**	gått	*gehen*
se	ser	s**åg**	s**ett**	*sehen*
sitta	sitter	satt	s**u**tt**it**	*setzen*
ta	tar	t**o**g	ta**g**it	*nehmen*

§ 5.5 Unregelmäßige Verben

Auch hier müssen die Formen einzeln gelernt werden.

g**ö**ra	g**ö**r	gj**o**rde	gj**o**rt	*machen*
s**ä**ga	s**ä**ger	s**a**	s**a**gt	*sagen*
v**e**ta	v**e**t	v**iss**te	v**e**t**at**	*wissen*
heta	heter	hette	het**at**	*heißen*

§ 5.6 Hilfs- und Modalverben

Diese Verben stehen gemeinsam mit dem Infinitiv (ohne **att**!) oder dem Partizip eines anderen Verbs. Die Formen müssen für jedes Verb einzeln gelernt werden.

Infinitiv	Präsens	Präteritum	Part. Perf.	
bli	blir	blev	blivit	*werden*
böra	bör	borde	bort	*sollen*
få	får	fick	fått	*dürfen, müssen*
ha	har	hade	haft	*haben*
kunna	kan	kunde	kunnat	*können*
låta	låter	lät	låtit	*lassen*
—	måste	måste	måst	*müssen*
skola	ska(ll)	skulle	skolat	*sollen, werden*
vara	är	var	varit	*sein*
vilja	vill	ville	velat	*wollen*

§ 5.7 Verwendung der Zeitformen

Anders als im Deutschen stehen im Schwedischen Zeitangaben in der Vergangenheit meistens im **Präteritum**.

Jag **köpte** en bok i går.	*Ich habe gestern ein Buch gekauft.*
Vad **gjorde** du i torsdags?	*Was hast du am Donnerstag gemacht?*

Das Perfekt wird gebraucht, wenn eine Handlung in der Vergangenheit begonnen hat und bis in die Gegenwart andauert.

Hur länge **har** du **läst** svenska?	*Wie lange lernst/studierst du schon Schwedisch?*
Jag **har bott** här i tre år.	*Ich wohne seit drei Jahren hier.*

Achtung! Jag bodde här i tre år würde bedeuten: *Ich wohnte drei Jahre lang hier (aber jetzt nicht mehr).*

Das **Futur** (Zukunft) kann man auf drei verschiedene Arten ausdrücken.

tänka + Infinitiv drückt eine Absicht aus:

Jag **tänker gå** klockan fem.	*Ich habe vor, um fünf zu gehen.*

ska + Infinitiv drückt aus, dass etwas wahrscheinlich passieren wird:

Det **ska regna** i morgon.	*Morgen wird es (wohl) regnen.*

komma att + Infinitiv drückt aus, dass man überzeugt ist, dass etwas passieren wird:

Det **kommer att regna**. *Es wird (ganz sicher) regnen.*

Der **Konjunktiv** wird mit **om** (*wenn*) + Präteritum und mit **skulle** + Infinitiv gebildet. Er steht nie in der indirekten Rede.

Om jag **hade** en bil, **skulle** jag **åka** till Norge.
Wenn ich ein Auto hätte, würde ich nach Norwegen fahren.

Die einzige noch gebräuchliche Konjunktivform eines Verbs ist **vore** (*wäre*) von **vara**: Om jag **vore/var** rik, skulle jag köpa en bil. (*Wenn ich reich wäre, würde ich ein Auto kaufen.*)

§ 5.8 Partizip Präsens

Das Partizip Präsens wird durch Anhängen der Endung **-(a)nde** an den Verbstamm gebildet. Endet der Stamm auf einen betonten Vokal, wird die Endung **-ende** verwendet.

Infinitiv	Stamm	Partizip	
måla	måla	mål**ande**	*malend*
leka	lek	lek**ande**	*spielend*
gå	gå	gå**ende**	*gehend*

§ 5.9 Partizip Perfekt

Das Partizip Perfekt bildet zusammen mit dem Hilfsverb **ha** das Perfekt. Es kann jedoch auch adjektivisch verwendet werden. In dem Fall passt es sich wie ein Adjektiv in seiner Form an das Substantiv an. Die Utrum-Formen werden wie folgt gebildet: Verben auf **-de** im Präteritum erhalten im Partizip Perfekt **-d**, Verben auf **-te** erhalten die Endung **-t**. Endet der Stamm auf betonten Vokal, wird die Endung **-dd** angehängt. Die starken Verben erhalten die Endung **-en**, die unregelmäßigen **-d**. Die Neutrum-Formen ergeben sich entsprechend den Adjektiv-Regeln (→ § 3.1)

Endet der Stamm auf **-a**, lautet die Pluralendung **-de**. Bei den starken Verben fällt das **-e-** in der Pluralendung weg.

Präteritum	**Partizip Perfekt**			
	Utrum	Neutrum	Plural	
målade	målad	målat	målade	*gemalt, -e, -er, -es*
stängde	stängd	stängt	stängda	*geschlossen*
köpte	köpt	köpt	köpta	*gekauft*
sydde	sydd	sytt	sydda	*genäht*
skrev	skriven	skrivet	skrivna	*geschrieben*
gjorde	gjord	gjort	gjorda	*gemacht*

Wird das Partizip wie ein schwaches Adjektiv verwendet, also in Verbindung mit dem Artikel, verwendet man die Pluralform: **den målade stolen** *(der gestrichene Stuhl).*

§ 5.10 Passiv

Beim s-Passiv wird ein **-s** an die Aktivform des Verbs gehängt, wobei im Präsens die Personalendung wegfällt. Das zusammengesetzte Passiv wird mit **bli** (*werden*) + dem adjektivischen Partizip Perfekt gebildet.

	Präsens	Präteritum	Perfekt
Dörren	målas. blir målad.	målades. blev målad.	har målats. har blivit målad.
Die Tür	*wird gestrichen.*	*wurde gestrichen.*	*ist gestrichen worden.*
Fönstret	stängs. blir stängt.	stängdes. blev stängt.	har stängts. har blivit stängt.
Das Fenster	*wird geschlossen.*	*wurde geschlossen.*	*ist geschlossen worden.*
Böckerna	köps. blir köpta.	köptes. blev köpta.	har köpts. har blivit köpta.
Die Bücher	*werden gekauft.*	*wurden gekauft.*	*sind gekauft worden.*
Klänningen	sys. blir sydd.	syddes. blev sydd.	har sytts. har blivit sydd.
Das Kleid	*wird genäht.*	*wurde genäht.*	*ist genäht worden.*

Brevet	skrivs. blir skrivet.	skrevs. blev skrivet.	skrivits. har blivit skrivet.
Der Brief	*wird geschrieben.*	*wurde geschrieben.*	*ist geschrieben worden.*

Einige Verben werden ausschließlich in der passiven Form verwendet, haben aber eine aktive Bedeutung: **andas** (*atmen*), **finnas** (*existieren*), **hoppas** (*hoffen*), **lyckas** (*gelingen*), **låtsas** (*tun als ob*), **minnas** (*sich erinnern*), **ses** (*sich sehen*), **trivas** (*sich wohlfühlen*), **träffas** (*sich treffen*), **åldras** (*altern*).

§ 6 ADVERB

Das Adverb ist eine Bestimmung zu einem Verb, einem Adjektiv, einem anderen Adverb oder einem ganzen Satz. Es ist unveränderlich.

§ 6.1 Bildung des Adverbs

Meist wird die neutrale Form des Adjektivs als Adverb verwendet. Adjektive auf **-lig** bilden das Adverb auch durch Anhängen von **-en** an die Utrum-Form oder durch Anhängen von **-vis** an die Neutrum-Form.

Utrum	Neutrum	Adverb	
sen	sent	sent	*spät*

riktig	riktigt	riktigt	*richtig*
tydlig	tydligt	tydligt	*deutlich*
		tydligen	*offenbar*
möjlig	möjligt	möjligen/ möjligtvis	*möglich/möglicherweise*

Posten kommer **sent**.	Die Post kommt spät.
en **riktigt** svensk specialitet	eine richtig schwedische Spezialität
Du talar **tydligt** med mig.	Du sprichst deutlich mit mir.
Du talar **tydligen** med mig.	Offenbar sprichst du mit mir.

§ 6.2 Ortsadverbien

var?	vart?	varifrån?
wo?	*wohin?*	*woher?*
hemma	hem	hemifrån
zu Hause	*nach Hause*	*von zu Hause*
nere	ner	nerifrån
unten	*hinunter*	*von unten*
uppe	upp	uppifrån
oben	*hinauf*	*von oben*
ute	ut	utifrån
draußen	*hinaus*	*von draußen*
här	hit	härifrån
hier	*hierher*	*von hier*
där	dit	därifrån
dort	*dorthin*	*von dort*

§ 6.3 Steigerung der Adverbien

Von Adjektiven abgeleitete Adverbien werden wie Adjektive gesteigert.

Han kommer **sent**.	*Er kommt spät.*
Han kommer **senare**.	*Er kommt später.*
Han kommer **senast**.	*Er kommt am spätesten.*

Nicht abgeleitete Adverbien folgen meist einer unregelmäßigen Steigerung.

bra/väl	bättre	bäst
gut	*besser*	*am besten*
fort	fortare	fortast
schnell	*schneller*	*am schnellsten*
gärna	hellre	helst
gern	*lieber*	*am liebsten*
illa	sämre	sämst
schlecht	*schlechter*	*am schlechtesten*
illa	värre	värst
schlimm	*schlimmer*	*am schlimmsten*
mycket	mer(a)	mest
viel	*mehr*	*am meisten*
nära	närmare	närmast
nah	*näher*	*am nächsten*
ofta	oftare	oftast
oft	*öfter*	*am häufigsten*

§ 7 PRÄPOSITIONEN

Präpositionen sind unveränderlich.

av	*aus, von*	inom	*innerhalb, in*
bakom	*hinter*	i stället för	*statt*
bredvid	*neben*	längs	*entlang*
efter	*nach*	med	*mit*
enligt	*gemäß*	mellan	*zwischen*
framför	*vor*	mot	*gegen*
från	*von, aus*	om	*nach, um*
från och med	*seit einschließl.*	omkring	*um ... herum*
för	*für, um, zu*	på	*auf, an, zu*
för ... sedan	*vor (zeitl.)*	på grund av	*wegen*
före	*vor*	sedan	*seit*
genom	*durch*	till	*nach, zu, bis*
hos	*bei, in*	till och med	*bis einschließl.*
i	*an, in*	under	*unter*
innan	*bevor*	vid	*bei, an*
		över	*über*

På und **i** verwendet man zur Angabe einer Zeitdauer. Wenn der Satz **inte** enthält, steht immer **på**.

Jag har bott här **i** två år.	*Ich wohne seit zwei Jahren hier.*
Vi hade **inte** sett dem **på** två år.	*Wir hatten sie zwei Jahre lang nicht gesehen.*

§ 8 KONJUNKTIONEN

Es gibt zwei Arten von Konjunktionen. Die nebenordnenden Konjunktionen verbinden Wörter, Wortgruppen, Nebensätze oder Hauptsätze miteinander. Die unterordnenden Konjunktionen leiten einen Nebensatz ein.

Nebenordnende Konjunktionen

antingen ...	*entweder ...*	för	*denn*
eller	*oder*	inte bara ...	*nicht nur ...*
annars	*sonst*	utan också	*sondern auch*
(allt)så	*also*	ju	*da, doch*
både ... och	*sowohl ... als*	men	*aber*
	auch	nämligen	*nämlich*
dels ... dels	*teils ... teils*	och	*und*
dessutom	*außerdem*	som	*wie*
därför	*daher, deshalb*	utan	*sondern*
eller	*oder*	varken ... eller	*weder ... noch*
		ändå	*dennoch*

Unterordnende Konjunktionen

att	*dass*	innan	*ehe*
bara	*wenn nur*	när	*wenn, als*
då	*da, als*	om	*ob, wenn*
(där)för att	*weil*	som	*da, zumal*
eftersom	*da ja*	så att	*sodass*
fast(än)	*obwohl*	tills	*bis*
för att	*damit*	trots att	*obwohl*
förrän	*bevor*	utan att	*ohne zu*
i fall (att)	*falls*	även om	*wenn auch*

§ 9 SATZBAU

Im Schwedischen gelten feste Regeln für die Wortstellung im Satz. Sie unterscheiden sich abhängig davon, ob es sich um einen Haupt-, Neben- oder Fragesatz handelt.

§ 9.1 Aussagesatz

Im Aussagesatz steht das Prädikat immer als zweites Satzglied.

I morgon **äter** vi fisk.	*Morgen essen wir Fisch.*
Jag **köpte** frimärken på posten.	*Ich habe die Briefmarken auf der Post gekauft.*

Steht ein Nebensatz oder direkte Rede als Objekt am Satzanfang, tritt wie im Deutschen umgekehrte Wortstellung ein.

När han sov **gick jag**.	*Als er schlief, ging ich.*

§ 9.2 Fragesatz

Fragesätze werden meist mit umgekehrter Wortstellung gebildet.

Kommer du?	*Kommst du?*
Vad gjorde du i går?	*Was hast du gestern gemacht?*

§ 9.3 Nebensatz

Anders als im Deutschen hat der Nebensatz dieselbe Wortstellung wie der Hauptsatz.

Jag gick när Bo **kom** hem.	*Ich bin gegangen, als Bo nach Hause kam.*

§ 9.4 Stellung der Adverbien im Satz

Die so genannten beweglichen Adverbien stehen im Hauptsatz nach dem ersten Verb, im Nebensatz vor dem ersten Verb.

Hauptsatz

Han **går aldrig** på bio.	*Er geht nie ins Kino.*

Nebensatz

Han sa att han **aldrig går** på bio.	*Er sagte, dass er nie ins Kino gehe.*

Bewegliche Adverbien

aldrig	*nie*	ju	*ja, doch*
alltid	*immer*	kanske	*vielleicht*
alltså	*also*	knappast	*kaum*
antagligen	*wahrscheinlich*	möjligen/ möjligtvis	*möglich(er-weise)*
bara/endast	*nur*	nog	*wohl*
egentligen	*eigentlich*	säkert	*sicher*
faktiskt	*tatsächlich*	slutligen	*schließlich*
förmodligen	*vermutlich*	verkligen	*wirklich*
gärna	*gern*	väl	*vermutlich*
inte	*nicht*		

§ 10 ZAHLWÖRTER

	Grundzahlen	Ordnungszahlen
0	noll	
1	en, ett	första
2	två	andra
3	tre	tredje

4	fyra	fjärde
5	fem	femte
6	sex	sjätte
7	sju	sjunde
8	åtta	åttonde
9	nio	nionde
10	tio	tionde
11	elva	elfte
12	tolv	tolfte
13	tretton	trettonde
14	fjorton	fjortonde
15	femton	femtonde
16	sexton	sextonde
17	sjutton	sjuttonde
18	arton	artonde
19	nitton	nittonde
20	tjugo	tjugonde
21	tjugoen, tjugoett	tjugoförsta
30	trettio	trettionde
40	fyrtio	fyrtionde
50	femtio	femtionde
60	sextio	sextionde
70	sjuttio	sjuttionde
80	åttio	åttionde
90	nittio	nittionde
100	(ett)hundra	(ett)hundrade
1000	(ett)tusen	(ett)tusende
100.000	(ett)hundra tusen	(ett)hundratusende
1.000.000	en miljon	miljonde

Wortschatz

ALLGEMEINE KOMMUNIKATION

Hej	*Hallo*
God dag	*Guten Tag*
Tjena	*Hi*
Hej då	*Tschüss*
God morgon	*Guten Morgen*
God afton	*Guten Abend*
Hur är det med dig?	*Wie geht's?*
Ha det så bra!	*Mach's gut!*
Vi ses!	*Wir sehen uns!*
God natt	*Gute Nacht*
tack	*danke (bitte)*
Tack ska du ha.	*Danke sehr.*
Tack så mycket.	*Vielen Dank.*
varsågod	*bitte*
ja	*ja*
nej	*nein*
jo	*doch*
jaha	*aha, ja*
jaså	*aha*
just det	*genau*
precis	*genau*
javisst	*natürlich, gewiss*
okej	*okay*
ojdå	*oh*

KONJUNKTIONEN UND PRÄPOSITIONEN

aldrig	*nie*
alltid	*immer*
allt	*alles*
alltså	*also*
antingen ... eller	*entweder ... oder*
att	*zu*
av	*von*
bland annat (bl a)	*unter anderem*
både ... och	*sowohl ... als auch*
då	*da, dann*
därför	*deswegen*
efter	*nach*
efteråt	*danach*
eller	*oder*
framför allt	*vor allem*
från	*aus, von, ab*
för	*zu*
för att	*um zu*
ganska	*ziemlich*
gärna	*gern*
hel	*ganz*
i	*in*
ibland	*manchmal*
igen	*wieder*
innan dess	*davor* **(zeitl.)**
inom	*in*
inte bara ... utan också	*nicht nur ... sondern auch*
kanske	*vielleicht*
lite	*etwas*
med	*mit*
men	*aber*
mer	*mehr*
mest	*meistens*
mycket	*viel, sehr*
mycket mer	*viel mehr*
och	*und*
också	*auch*
ofta	*oft*
om	*in, um*
på	*auf, in*
sedan	*dann, danach*
så	*so*

så att	*sodass*
sällan	*selten*
till	*bis, zu*
till exempel (t ex)	*zum Beispiel*
ur	*aus*
utan	*ohne, sondern*
varken ... eller	*weder ... noch*
än	*als (bei Steigerung)*
även	*sogar*

PERSONALPRONOMEN

jag	*ich*
du	*du*
han	*er*
hon	*sie (Sg.)*
det	*es*
vi	*wir*
ni	*ihr (Sie)*
de	*sie (Pl.)*
mig	*mir, mich*
dig	*dir, dich*
honom	*ihm, ihn*
henne	*ihr, sie (Sg.)*
oss	*uns*
er	*euch, euer*
dem	*ihnen, sie (Pl.)*
min	*mein*
din	*dein*
sin	*sein, ihr (Sg. und Pl.)*
hans	*sein*
hennes	*ihr*
vår	*unser*
deras	*ihr (Pl.)*
som	*der, die, das (Rel. Pron.); als*
man	*man*
själv	*selbst*

ARTIKEL UND FRAGEWÖRTER

en	*ein, eine*
ett	*ein, eine*
den/det/de här	*diese/r/s*
denna, detta, dessa	*diese/r/s*
den/det/ de där	*jene/r/s*
någon	*irgendein*
några	*einige*
ingen	*kein*
inte	*nicht*
inte någon	*kein*
ingenting	*nichts*
varje	*jede/r/s*
många	*viele*
andra	*andere*
annan	*andere/r/s*
alla	*alle*
näst	*nächste/r/s*
vem	*wer*
vad	*was, wie*
var	*wo*
varför	*warum*
hur	*wie*
när	*wann, als*
hur mycket	*wie viel*
hur många	*wie viele*
varifrån	*woher*
vilken	*welche/r/s, was für ein*
här	*hier*

där borta	*dort drüben*
där	*dort*
borta	*weg*

SUBSTANTIVE UND ADJEKTIVE

familj -en -er	*Familie*
man -nen män	*Mann*
kvinn/a -an -or	*Frau*
barn -et -	*Kind*
Tyskland	*Deutschland*
Sverige	*Schweden*
vän -nen -ner	*Freund*
väninn/a -an -or	*Freundin*
kund -en -er	*Kunde, Kundin*
försäljare -n -	*Verkäufer(in)*
expedit -en -er	*Verkäufer(in)*
hus -et -	*Haus*
bil -en -ar	*Auto*
flask/a -an -or	*Flasche*
bok -en böcker	*Buch*
mat -en	*Essen*
dag -en -ar	*Tag*
i dag	*heute*
morg/on -onen -nar	*Morgen*
aft/on -onen -nar	*Abend*
kväll -en -ar	*Abend*
natt -en nätter	*Nacht*
år -et -	*Jahr*
vår -en -ar	*Frühling*
som/mar -ma-ren -rar	*Sommer*
höst -en -ar	*Herbst*
vint/er -ern -rar	*Winter*
gift	*verheiratet*
ledig	*ledig, frei*
skild	*geschieden*
sen	*spät*
bra	*gut*

VERBEN

anteckna -r -de -t	*notieren*
arbeta -r -de -t	*arbeiten*
bada -r -de -t	*baden*
bada -r -de -t bastu	*saunieren*
baka -r -de -t	*backen*
befinn/a -er be-fann befunnit sig	*sich befinden*
behöv/a -er -de -t	*brauchen*
berätta -r -de -t	*erzählen*
besök/a -er -te -t	*besuchen*
bjud/a -er bjöd bjudit	*einladen*
bli -r blev blivit	*werden*
blås/a -er -te -t	*winden, wehen*
bo -r -dde -tt	*wohnen*
brut/a -er bröt brutit	*brechen*
byt/a -er -te -t	*umsteigen, wech-seln*
börja -r -de -t	*anfangen*
cykla -r -de -t	*Rad fahren*
dela -r -de -t ut	*verteilen*
det finns ... fanns funnits	*es gibt ...*
drick/a -er drack druckit	*trinken*

2 WORTSCHATZ

elda -r -de -t	*Feuer machen*
finnas fanns funnits	*geben (→ det finns - es gibt)*
fira -r -de -t	*feiern*
fiska -r -de -t	*angeln*
flyg/a -er flög flugit	*fliegen*
flytta -r -de -t	*umziehen*
fortsätt/a -er fortsatte fortsatt	*fortsetzen, weitergehen*
frys/a -er frös frusit	*frieren*
fråga -r -de -t	*fragen*
fyll/a -er -de -t	*füllen*
fyll/a -er -de -t år	*Geburtstag haben*
få -r fick fått	*dürfen; bekommen*
följ/a -er -de -t	*folgen*
förlora -r -de -t	*verlieren*
förstå -r förstod förstått	*verstehen*
förstör/a förstör förstörde förstört	*zerstören*
försök/a -er -te -t	*versuchen*
gilla -r -de -t	*mögen*
gympa -r -de -t	*Gymnastik machen*
gå -r gick gått	*gehen*
gäll/a -er -de -t	*gelten, gültig sein*
gör/a gör gjorde gjort	*tun*
ha -r -de haft	*haben*
ha -r -de haft rätt	*Recht haben*
het/a -er -te -at	*heißen*
hitta -r -de -t	*finden*
hjälp/a -er -te -t	*helfen*
hoppas -des -ts	*hoffen*
hämta -r -de -t	*holen*
häng/a -er -de -t	*hängen*
här finns ...	*hier gibt es ...*
hör/a hör hörde hört	*hören*
ingå -r -gick -gått	*beinhalten*
jobba -r -de -t	*arbeiten*
klipp/a -er -te -t	*schneiden*
koka -r -de -t	*kochen*
komm/a -er kom kommit	*kommen*
koppla -r -de -t av	*sich entspannen*
kunna kan kunde kunnat	*können*
känn/a -er kände känt	*fühlen*
känn/a -er kände känt	*kennen*
köp/a -er -te -t	*kaufen*
kör/a kör -de -t	*fahren*
laga -r -de -t mat	*kochen*
leta -r -de -t efter	*suchen nach*
lev/a -er -de -t	*leben*
ligg/a -er låg legat	*liegen*
lukta -r -de -t	*riechen*
lyssna -r -de -t	*zuhören*
lyssna -r -de -t på musik	*Musik hören*
låt/a -er lät låtit	*klingen*
lär/a -er -de -t sig	*lernen*
läs/a -er -te -t	*lesen, lernen, studieren*

Wortschatz

mena -r -de -t	*meinen*
motionera -r -de -t	*sich bewegen*
måste	*müssen*
passa -r -de -t	*passen*
passa -r -de -t till	*dazu passen*
planera -r -de -t	*planen*
plocka -r -de -t	*pflücken*
prata -r -de -t	*sprechen*
promenera -r -de -t	*spazieren gehen*
prova -r -de -t	*(an)probieren*
regna -r -de -t	*regnen*
ring/a -er -de -t	*anrufen*
räkna -r -de -t	*rechnen*
samarbeta -r -de -t	*zusammenarbeiten*
samla -r -de -t	*sammeln*
se -r såg sett	*sehen*
se -r såg sett ut	*aussehen*
segla -r -de -t	*segeln*
semestra -r -de -t	*Urlaub machen*
ses sågs setts	*sich sehen*
simma -r simmade simmat	*schwimmen*
sitt/a -er satt suttit	*sitzen*
skin/a -er sken skinit	*scheinen*
skola ska skulle	*sollen, werden*
skriv/a -er skrev skrivit	*schreiben*
snöa -r -de -t	*schneien*
sola -r -de -t	*sich sonnen*
spara -r -de -t	*aufheben; sparen; speichern*
spela -r -de -t	*spielen*
stanna -r -de -t	*bleiben*
stava -r -de -t	*buchstabieren*
stek/a -er -te -t	*braten*
stå -r stod stått	*stehen*
stämm/a -er -de -t	*stimmen*
surfa -r -de -t	*surfen*
sälj/a -er sålde sålt	*verkaufen*
sök/a -er -te -t	*suchen*
ta -r tog tagit	*nehmen*
ta -r tog tagit fram	*hervorholen*
ta -r tog tagit in	*einkehren*
tala -r -de -t	*sprechen*
titta -r -de -t	*gucken, schauen*
titta -r -de -t på teve	*fernsehen*
tro -r -dde -tt	*glauben*
träffa -r -de -t	*treffen*
tyck/a -er -te -t	*meinen, finden*
tyck/a -er -te -t om	*mögen*
tälta -r -de -t	*zelten*
tänk/a -er -te -t	*denken, vorhaben*
vandra -r -de -t	*wandern*
vara är var varit	*sein*
vara är var varit slut	*zu Ende sein*
variera -r -de -t	*variieren*
vet/a vet visste vetat	*wissen*
vilja vill ville velat	*wollen*
visa -r -de -t sig	*sich zeigen*
välj/a -er valde valt	*wählen*
vänta -r -de -t	*warten*
åk/a -er -te -t	*fahren*

åk/a -er -te -t skidor	*Ski fahren*
åk/a -er -te -t ut	*hinausfahren, einen Ausflug machen*
åska -r -de -t	*gewittern*
är -> vara är var varit	*sein*
ät/a -er åt ätit	*essen*

BEGRÜSSUNG UND ABSCHIED

Hej	*Hallo*
God dag	*Guten Tag*
Tjena	*Hi*
Hej då	*Tschüss*
God morgon	*Guten Morgen*
God afton	*Guten Abend*
Ha det så bra!	*Mach's gut!*
Vi ses!	*Wir sehen uns!*
God natt	*Gute Nacht*
Sverige	*Schweden*
Tyskland	*Deutschland*
Frankrike	*Frankreich*
Storbritannien	*Großbritannien*
Danmark	*Dänemark*
svenska	*Schwedisch*
tyska	*Deutsch*
engelska	*Englisch*
södra	*Süd-*
efternamn -et -	*Nachname*
barn -et -	*Kind*
gift	*verheiratet*
ogift	*ledig*
skild	*geschieden*
två	*zwei*

ÜBER SICH SPRECHEN

man -nen män	*Mann*
kvinn/a -an -or	*Frau*
bror brodern bröder	*Bruder*
syst/er -ern -rar	*Schwester*
mor modern mödrar	*Mutter*
far fadern fäder	*Vater*
mormor	*Großmutter (mütterlicherseits)*
farmor	*Großmutter (väterlicherseits)*
morfar	*Großvater (mütterlicherseits)*
farfar	*Großvater (väterlicherseits)*
most/er -ern -rar	*Tante (mütterlicherseits)*
fast/er -ern -rar	*Tante (väterlicherseits)*
morbror	*Onkel (mütterlicherseits)*
farbror	*Onkel (väterlicherseits)*
son -en söner	*Sohn*
dotter -n döttrar	*Tochter*
barnbarn -et -	*Enkel/in*
kusin -en -er	*Cousin/e*
lägenhet -en -er	*Wohnung*
hus -et -	*Haus*
bil -en -ar	*Auto*
Förlåt!	*Entschuldigung!*

Die Vertonung des Wortschatzes finden Sie als MP3-Dateien unter **www.pons.de/minisprachkurs-schwedisch**

Wortschatz

BESCHREIBUNGEN

flask/a -an -or	*Flasche*
bok -en böcker	*Buch*
papp/er -ret -	*Papier*
hår -et -	*Haar*
väd/er -ret	*Wetter*
him/mel -meln -lar	*Himmel*
vatt/en -net	*Wasser*
fest -en -er	*Feier*
kalas -et -	*Fest*
hund -en -ar	*Hund*
lång	*groß, lang*
kort	*kurz*
stor	*groß*
liten	*klein*
glad	*fröhlich*
ledsen	*traurig*
ung	*jung*
gammal	*alt*
svart	*schwarz*
blond	*blond*
vit	*weiß*
röd	*rot*
brun	*braun*
klar	*klar*
tjock	*dick*
tråkig	*langweilig*
vacker	*schön*

URLAUBSGRÜSSE SENDEN

Kära ...	*Liebe ... (Anrede)*
Hur står det till?	*Wie geht's?*
Ha det så bra!	*Mach's gut!*
hälsning -en -ar	*Gruß*
semest/er -ern -rar	*Ferien, Urlaub*
stad -en städer	*Stadt*
stadsmur -en -ar	*Stadtmauer*
vasamuse/um -et	*Vasamuseum*
muse/um -et -er	*Museum*
skepp -et -	*Schiff*
vän -nen -ner	*Freund*
väninn/a -an -or	*Freundin*
fin	*schön*
till exempel	*zum Beispiel*

LEBENSMITTEL EINKAUFEN

hekto -t -	*100 g*
deciliter -n -	*100 ml*
kund -en -er	*Kunde, Kundin*
försäljare -n -	*Verkäufer(in)*
kron/a -an -or	*Krone*
köttfärs -en	*Hackfleisch*
ost -en -ar	*Käse*
korv -en -ar	*Wurst*
bröd -et -	*Brot*
smör -et	*Butter*
grönsaker *Pl*	*Gemüse*
frukt -en -er	*Frucht*
äpple -t -n	*Apfel*
banan -en -er	*Banane*
choklad -en	*Schokolade*
godis -et -	*Süßigkeiten*
juice -n -r	*Saft*
läsk -en -ar	*Limonade*
mjölk -en	*Milch*
paket -et -	*Paket, Päckchen*
billig	*billig*

dyr	*teuer*
färsk	*frisch*
torr	*trocken*

ESSEN BESTELLEN

kopp -en -ar	*Tasse*
kaffe -t	*Kaffee*
te -et	*Tee*
mjölk -en	*Milch*
ostfrall/a -an -or	*Käsebrot*
frall/a -an -or	*belegtes Brot*
räksmörgås -en -ar	*Krabbenbrötchen*
smörgås -en -ar	*belegtes Brot*
kanelbull/e -en -ar	*Zimtschnecke*
pepparkak/a -an -or	*Pfefferkuchen*
glas -et -	*Glas*
apelsinjuice -n -r	*Orangensaft*
apelsin -en -er	*Apfelsine*
äppeljuice -n -r	*Apfelsaft*
påtår	*kostenloses Nachfüllen von Kaffee*
hungrig	*hungrig*
god	*lecker, gut*
skön	*schön*
strax	*sofort*
tillbaka	*zurück*

IM RESTAURANT

restaurang -en -er	*Restaurant*
servitör -en -er	*Kellner*
servitris -en -er	*Kellnerin*
Ursäkta!	*Entschuldigung!*
dagens rätt	*Tagesgericht*
rätt -en -er	*Gericht*
mat -en	*Essen*
öl -et -	*Bier*
juice -n -r	*Saft*
kaffe -t	*Kaffee*
vat/ten -net	*Wasser*
ost -en -ar	*Käse*
kött -et	*Fleisch*
ärtsopp/a -an -or	*Erbsensuppe*
ärt -en -er	*Erbse*
sopp/a -an -or	*Suppe*
pannkak/a -an -or	*Pfannkuchen*
pann/a -an -or	*Pfanne*
kak/a -an -or	*Kuchen*
sylt -en -ar	*Marmelade*
falukorv -en -ar	*Fleischwurst*
potatismos -en	*Kartoffelbrei*
potatis -en -ar	*Kartoffel*
mos -en	*Mus, Brei*
pytt i panna -n	*Restepfanne*
frestelse -n -r	*Versuchung*
köttbull/e -en -ar	*Fleischklößchen*
lingon -et -	*Preiselbeere*
surströmming -en -ar	*saurer Hering*
gaff/el -eln -lar	*Gabel*
kniv -en -ar	*Messer*
sked -en -ar	*Löffel*
tesked -en -ar	*Teelöffel*
kopp -en -ar	*Tasse*
glas -et -	*Glas*
tallrik -en -ar	*Teller*
sock/er -ret	*Zucker*
salt -et	*Salz*

peppar -n	*Pfeffer*
närhet -en	*Nähe*
italiensk	*italienisch*
kinesisk	*chinesisch*
ny	*neu*
sur	*sauer*
svensk	*schwedisch*
traditionell	*traditionell*
i kväll	*heute Abend*
kväll -en -ar	*Abend*
gärna	*gern*

ABC DAS WETTER

väd/er -ret	*Wetter*
him/mel -len	*Himmel*
sol -en -ar	*Sonne*
moln -et -	*Wolke*
regn -et	*Regen*
snö -n	*Schnee*
vind -en -ar	*Wind*
åskväd/er -ret	*Gewitter*
mån/e -en -ar	*Mond*
stjärn/a -an -or	*Stern*
vår -en -ar	*Frühling*
som/mar -maren -rar	*Sommer*
höst -en -ar	*Herbst*
vint/er -ern -rar	*Winter*
sjö -n -ar	*See*
skog -en -ar	*Wald*
jul -en -ar	*Weihnachten*
varm	*warm*
kall	*kalt*
jättekall	*furchtbar kalt*
blå	*blau*
röd	*rot*
brun	*braun*
vit	*weiß*
gul	*gelb*
härlig	*herrlich*
molnigt	*wolkig*
solig	*sonnig*
stark	*stark*
ute	*draußen*

ABC LANDSCHAFT UND NATUR

landskap -et -	*Landschaft, Provinz*
natur -en	*Natur*
väd/er -ret	*Wetter*
län -et -	*Verwaltungsprovinz*
blomm/a -an -or	*Blume*
sjö -n -ar	*See*
skog -en -ar	*Wald*
stad -en städer	*Stadt*
land -et länder	*Land*
berg -et -	*Berg*
å -n -ar	*kleiner Fluss*
hav -et -	*Meer*
by -n -ar	*Dorf*
stjärn/a -an -or	*Stern*
dal -en -ar	*Tal*
bäck -en -ar	*Bach*
ö -n -ar	*Insel*
skärgård -en -ar	*Schärengarten*
fjäll -et -	*Gebirge*
sommarstug/a -an -or	*Sommerhaus*
natur -en	*Natur*
bär -et -	*Beere*
lingon -et -	*Preiselbeere*
hjortron -et -	*Multbeere*
hallon -et -	*Himbeere*
björnbär et -	*Brombeere*

smultron -et -	*Walderdbeere*
blåbär -et -	*Blaubeere*
person -en -er	*Person*
deckare -n -	*Krimi*
språk -et -	*Sprache*
kvällskurs -en -er	*Abendkurs*
närhet -en -er	*Nähe*
öl -et	*Bier*
hög	*hoch*
djup	*tief*
blå	*blau*
gul	*gelb*
röd	*rot*
lugn	*ruhig*
skandinavisk	*skandinavisch*
stor	*groß*

ABC IN DER STADT

stad -en städer	*Stadt*
land -et länder	*Land*
teat/er -ern -ren	*Theater*
bio -t -	*Kino*
kafé -et -er	*Café*
restaurang -en -er	*Restaurant*
muse/um -et -er	*Museum*
tunnelban/a -an -or	*U-Bahn*
möjlighet -en -er	*Möglichkeit*
rätt -en	*Recht*
stor	*groß*
liten	*klein*
lugn	*ruhig*
vacker	*schön*
billig	*billig*
ekonomisk	*ökonomisch*
god	*lecker, gut*
intressant	*interessant*
inte ens	*nicht einmal*

ABC WEGBESCHREIBUNGEN

Ursäkta!	*Entschuldigung!*
Förlåt!	*Entschuldigung!*
Tack ska du ha.	*Danke sehr.*
Tack så mycket.	*Vielen Dank.*
pojk/e -en -ar	*Junge*
flick/a -an -or	*Mädchen*
lärare -n -	*Lehrer(in)*
gat/a -an -or	*Straße*
kiosk -en -er	*Kiosk*
tavl/a -an -or	*Tafel*
station -en -er	*Bahnhof, Station*
trafikljus -et -	*Ampel*
trafik -en	*Verkehr*
ljus -et -	*Licht*
apotek -et -	*Apotheke*
hotell -et -	*Hotel*
torg -et -	*Platz*
bank -en -er	*Bank*
postkontor -et -er	*Postamt*
affär -en -er	*Laden*
rakt fram	*geradeaus*
över	*über*
förbi	*vorbei (an)*
vid	*bei, an*
bredvid	*neben*
bakom	*hinter*
mittemot	*gegenüber*
mellan	*zwischen*
till höger om	*rechts von*
till vänster om	*links von*
till höger	*nach rechts*
till vänster	*nach links*

Wortschatz

hos	*bei (Person)*
sedan	*dann*
ögonblick -et -	*Augenblick, Moment*

REISE UND VERKEHR

cyk/el -eln -lar	*Fahrrad*
moped -en -er	*Moped*
spårvagn -et -	*Straßenbahn*
tunnelban/a -an -or	*U-Bahn*
bil -en -ar	*Auto*
taxi -n	*Taxi*
till fots	*zu Fuß*
motorcyk/el -eln -lar	*Motorrad*
buss -en -ar	*Bus*
tåg -et -	*Zug*
flyg(plan) -et -	*Flugzeug*
tur och retur biljett -en -er	*Hin- und Rückfahrkarte*
biljett -en -er	*Fahrkarte*
spår -et -	*Gleis, Spur*
klock/a -an -or	*Uhr*
kvart i	*Viertel vor*
kvart -en -er	*Viertel*
kvart över	*Viertel nach*
halv	*halb*
framme	*am Ziel, vorn*
direkt	*direkt, sofort*
sen	*spät*

EINE UNTERKUNFT SUCHEN

hotell -et	*Hotel*
hotellrum -met -	*Hotelzimmer*
dubbelrum -met -	*Doppelzimmer*
enkelrum -met -	*Einzelzimmer*
frukostbuffé -n -er	*Frühstücksbuffet*
frukost -en -ar	*Frühstück*
buffé -n -er	*Buffet*
helgpris -et -er	*Wochenendpreis*
pris -et -er	*Preis*
januari	*Januar*
februari	*Februar*
mars	*März*
april	*April*
maj	*Mai*
juni	*Juni*
juli	*Juli*
augusti	*August*
september	*September*
oktober	*Oktober*
november	*November*
december	*Dezember*
måndag	*Montag*
tisdag	*Dienstag*
onsdag	*Mittwoch*
torsdag	*Donnerstag*
fredag	*Freitag*
lördag	*Samstag*
söndag	*Sonntag*
helg -en -er	*Wochenende*
vardag -en -ar	*Werktag*
stor	*groß*
liten	*klein*
bekväm	*bequem*
fri	*gratis, frei*
fullbokad	*ausgebucht*
förstklassig	*erstklassig*
gammal	*alt*
inklusive	*inklusive*

kvar	*übrig*
lugn	*ruhig*
modern	*modern*
trivsam	*gemütlich*
vacker	*schön*
från ... till ...	*von ... bis ...*
antingen ... eller ...	*entweder ... oder ...*
tyvärr	*leider*

ABC URLAUB MACHEN

kontinent -en -er	*Kontinent*
husvagn -et -	*Wohnwagen*
husbil -en -ar	*Wohnmobil*
hotell -et	*Hotel*
väg -en -ar	*Weg*
bro -n -ar	*Brücke*
färj/a -an -or	*Fähre*
stug/a -an -or	*Hütte*
vykort -et -	*Postkarte*
frimärke -t -n	*Briefmarke*
England	*England*
Finland	*Finnland*
Polen	*Polen*
gång -en -er	*Mal*
slut -et -	*Ende, Schluss*
närhet -en -er	*Nähe*
väd/er -ret	*Wetter*
mjöl -et	*Mehl*
skink/a -an -or	*Schinken*
bibliotek -et -er	*Bibliothek*
daghem -met -	*Kindertagesstätte*
dagis -et -	*KiTa*
människ/a -an -or	*Mensch*
skådespelare -n -	*Schauspieler(in)*
skådis -en -ar	*Schauspieler(in)*
kändis -en -ar	*Promi*
lördagsgodis -et	*Samstagssüßigkeiten*
billig	*billig*
dyr	*teuer*
baltisk	*baltisch*
brun	*braun*
ensam	*einsam, allein*
fort	*schnell*
känd	*bekannt*
redan	*schon*
spännande	*spannend*
trevlig	*nett, freundlich*
vacker	*schön*
väldig	*gewaltig*
naturligtvis	*natürlich*
mitt i	*mitten in*
till slut	*zum Schluss*
till exempel	*zum Beispiel*

ABC FESTE FEIERN

studentexam/en -en -ina	*Abitur*
student -en -er	*Student(in); Abi*
midsom/mar -maren -rar	*Mittsommer*
midsom-marstång -en -er	*Maibaum (Mitt-sommerbaum)*
kräftskiv/a -an -or	*Krebsessen*
bröllop -et -	*Hochzeit*
födelsedag -en -ar	*Geburtstag*
födelse -n -r	*Geburt*
luciafest	*Luciafest*
jul -en	*Weihnachten*

julaft/on -onen -nar	*Heiligabend*
påsk -en -ar	*Ostern*
smörgåsbord -et -	*traditionelles Buffet*
potatissallad -en -er	*Kartoffelsalat*
glögg -en	*Glühwein*
lussekatt -en -er	*Gebäck zum Luciafest*
skiv/a -an -or	*Scheibe; CD*
kräft/a -an -or	*Krebs*
bord -et -	*Tisch*
år -et -	*Jahr*
brorson -en -söner	*Neffe*
brev -et -	*Brief*
nobelpris -et -	*Nobelpreis*
litteratur -en -er	*Literatur*
medicin -en	*Medizin*
fysik -en	*Physik*
kemi -n	*Chemie*
fredspris -et -	*Friedenspreis*
kung -en -ar	*König*
ceremoni -n -er	*Zeremonie*
middag -en -ar	*Abendessen*
hall -en -ar	*Halle, Flur*
stadshus -et -	*Stadthaus*
meny -n -er	*Menü*
team -et -	*Team*
gäst -en -er	*Gast*
kungafamilj -en -er	*Königsfamilie*
familj -en -er	*Familie*
nobelpristagare -n -	*Nobelpreisträger*
juni	*Juni*
december	*Dezember*
förresten	*übrigens*
självklart	*natürlich*
bland annat (bl a)	*unter anderem*

ABC FREIZEITAKTIVITÄTEN

fritid -en	*Freizeit*
fotboll -en -ar	*Fußball*
skida -n -or	*Ski*
bastu -n -r	*Sauna*
teve -n	*Fernseher*
kort -et -	*Karte*
jobb -et -	*Arbeit, Job*
vin -et	*Wein*
kväll -en -ar	*Abend*
kill/e -en -ar *umgspr*	*Junge*
skol/a -an -or	*Schule*
kompis -en -ar	*Freund*
sommarställe -t -n	*Sommerhaus*
strand -en stränder	*Strand*
mass/a -an -or	*Masse*
aktivitet -en -er	*Aktivität, Tätigkeit*
utställning -en -ar	*Ausstellung*
musik -en	*Musik*
intervju -n -ar	*Interview*
universitet -et -er	*Universität*
cyk/el -eln -lar	*Fahrrad*
förresten	*übrigens*
först av allt	*zuallererst*
själv	*selbst*
speciell	*speziell, besonders*
tillsammans	*zusammen*

typ *umgspr*	*so wie*
verkligen	*wirklich*
väl	*wohl*

ABC TIERE UND PFLANZEN

eld -en -ar	*Feuer*
gren -en -ar	*Ast*
käll/a -an -or	*Quelle*
svamp -en -ar	*Pilz*
Allemansrätt -en	*Allgemeingebrauchsrecht*
bostadshus -et -	*Wohnhaus*
tält -et -	*Zelt*
älg -en -ar	*Elch*
mygg/a -an -or	*Mücke*
träd -et -	*Baum*
busk/e -en -ar	*Busch*
älv -en -ar	*Fluss*
fåg/el -eln -lar	*Vogel*
häst -en -ar	*Pferd*
gris -en -ar	*Schwein*
ko -n -r	*Kuh*
djur -et -	*Tier*
marsvin -et -	*Meerschweinchen*
får -et -	*Schaf*
björn -en -ar	*Bär*
natt -en nätter	*Nacht*
sjö -n -ar	*See*
skog -en -ar	*Wald*
katt -en -er	*Katze*
rolig	*lustig*
enligt	*gemäß*
innan dess	*davor (zeitl.)*
naturligtvis	*natürlich*
nära	*nah*
runt	*umher*
ur	*aus*

ABC KULTUR UND UNTERHALTUNG

Hur är det med dig?	*Wie geht's?*
oper/a -an -or	*Oper*
utställning -en -ar	*Ausstellung*
expressionism -en	*Expressionismus*
Trollflöjten	*Die Zauberflöte*
konsert -en -er	*Konzert*
kaviar -en	*Kaviar*
champagne -n	*Champagner, Sekt*
restaurang -en -er	*Restaurant*
kompis -en -ar	*Freund(in)*
farbror -brodern -bröder	*Onkel (väterlicherseits)*
hälsosam	*gesund*
jättebra	*super*
rik	*reich*
slut	*vorbei*
synd	*schade*
tjock	*dick*
vacker	*schön*
efteråt	*danach*
faktiskt	*tatsächlich*
förresten	*übrigens*
i går	*gestern*
i förrgår	*vorgestern*
i stället för	*an Stelle von*

ABC KLEIDUNG

Ursäkta!	*Entschuldigung!*
blus -en -ar	*Bluse*
byxor *Pl*	*Hose*

kjol -en -ar	*Rock*
jack/a -an -or	*Jacke*
kapp/a -an -or	*Mantel*
tröj/a -an -or	*Pullover*
koft/a -an -or	*Strickjacke*
kavaj -en -er	*Jackett*
skjort/a -an -or	*Hemd*
klänning -en -ar	*Kleid*
storlek -en -ar	*Größe*
provhytt -en -er	*Umkleidekabine*
kass/a -an -or	*Kasse*
köp -et -	*Kauf*
kvitto -t -n	*Quittung*
sko -n -r	*Schuh*
stöv/el -eln -lar	*Stiefel*
sock/a -an -or	*Socke*
fråg/a -an -or	*Frage*
blå	*blau*
svart	*schwarz*
grå	*grau*
vit	*weiß*
röd	*rot*
lila	*lila*
randig	*gestreift*
enfärgad	*einfarbig*
till vänster	*links*
öppen	*offen*

ABC WOHNEN

soff/a -an -or	*Sofa*
fåtölj -en -er	*Sessel*
bokhyll/a -an -or	*Bücherregal*
hyll/a -an -or	*Regal*
matt/a -an -or	*Teppich*
bord -et -	*Tisch*
stol -en -ar	*Stuhl*
säng -en -er	*Bett*
garderob -en -er	*Kleiderschrank*
skåp -et -	*Schrank*
lamp/a -an -or	*Lampe*
spis -en -ar	*Herd*
lägenhet -en -er	*Wohnung*
enrumslägenhet -en -er	*Einzimmerwohnung*
vardagsrum -met -	*Wohnzimmer*
hall -en -ar	*Flur*
kök -et -	*Küche*
badrum -met -	*Badezimmer*
balkong -en -er	*Balkon*
sovrum -met -	*Schlafzimmer*
matsal -en -ar	*Esszimmer*
arbetsrum -met -	*Arbeitszimmer*
kudd/e -en -ar	*Kissen*
färgglad	*farbenfroh*
golv -et -	*Fußboden*
affisch -en -er	*Poster*
vägg -en -ar	*Wand*
stereo -n -	*Stereoanlage*
skrivbord -et -	*Schreibtisch*
kläder *Pl*	*Kleidung*
grej -en -er	*Sachen, Zeug*
golvlamp/a -an -or	*Stehlampe*
taklamp/a -an -or	*Deckenlampe*
kylskåp -et -	*Kühlschrank*
pengar *Pl*	*Geld*
diskmaskin -en -er	*Spülmaschine*
tvättmaskin -en -er	*Waschmaschine*
toalett -en -er	*Toilette*

våning -en -ar	*Etage, Stockwerk*
matsal -en -ar	*Esszimmer*
dusch -en -ar	*Dusche*
badkar -et -	*Badewanne*
tvättfat -et -	*Waschbecken*
mikrovågsugn -en -ar	*Mikrowelle*
teve -n	*Fernseher*
liten	*klein*
gammal	*alt*
bakom	*hinter*
mittemot	*gegenüber*
rund	*rund*
skön	*schön*
stor	*groß*
ute	*draußen*
dessutom	*außerdem*
däremot	*hingegen*

ABC ARBEIT UND BERUF

yrke -t -n	*Beruf*
lärare -n -	*Lehrer(in)*
läkare -n -	*Arzt, Ärztin*
polis -en -er	*Polizist(in)*
sjukskötersk/a -an -or	*Krankenschwester*
sekreterare -n -	*Sekretär(in)*
arbetare -n -	*Arbeiter(in)*
timmer/man -mannen -män	*Zimmermann*
bagare -n -	*Bäcker(in)*
brevbärare -n -	*Postbote/-in*
busschaufför -en -er	*Busfahrer(in)*
veterinär -en -er	*Tierarzt, -ärztin*
receptionist -en -er	*Mitarbeiter(in) am Empfang*
frisör -en -er	*Frisör(in)*
försäljare -n -	*Verkäufer(in)*
timm/e -en -ar	*Stunde*
arbetsdag -en -ar	*Arbeitstag*
jobb -et -	*Arbeit, Job*
arbete -t -n	*Arbeit*
dator -n -er	*Computer*
kolleg/a -an -er	*Kollege/-in*
lön -en -er	*Lohn, Gehalt*
arbetsplats -en -er	*Arbeitsplatz*
plats -en -er	*Platz*
bostad -en -städer	*Wohnort*
chef -en -er	*Chef*
universitet -et -er	*Universität*
kontor -et -	*Büro*
sjukhus -et -	*Krankenhaus*
affär -en -er	*Laden*
hotell -et -	*Hotel*
salong -en -er	*Frisörsalon*
människ/a -an -or	*Mensch*
farlig	*gefährlich*
hög	*hoch*
sjuk	*krank*
nära	*nah*

ABC MEDIEN UND BEWERBUNG

internetkafé -et -er	*Internetcafé*
nät -et	*Internet*

tidning -en -ar	*Zeitung*
turism -en	*Tourismus*
ansökan - -	*Bewerbung*
turistbyrå -n -ar	*Reisebüro*
assistent -en -er	*Assistent*
arbetsuppgift -en -er	*Arbeitsaufgabe*
service -n	*Service*
restaurang-bransch -en -er	*Restaurantbranche*
resebyrå -n -ar	*Reisebüro*
grupp -en -er	*Gruppe*
kontakt -en -er	*Kontakt*
innebandy -n	*Hallenbandy*
svar -et -	*Antwort*
franska	*Französisch*
ishockey -n	*Eishockey*
timm/e -en -ar	*Stunde*
student -en	*Abi*
arbete -t -n	*Arbeit*
person -en -er	*Person*
fritid -en	*Freizeit*
skol/a -an -or	*Schule*
engelska	*Englisch*
flytande	*fließend*
i går	*gestern*
intressant	*interessant*
lätt	*leicht*
noggrann	*gründlich*
ny	*neu*
positiv	*positiv*
rädd	*ängstlich*
själv	*selbst*
under	*unter, während*
ung	*jung*
viktig	*wichtig*

ABC BEHÖRDEN UND ZUKUNFTSPLÄNE

Ryssland	*Russland*
pass -et -	*Reisepass*
tjänsteman -mannen -män	*Beamter*
personnum/mer -ret -	*Personennummer*
adress -en -er	*Adresse*
e-post -en	*E-Mail*
mejl -et -	*E-Mail*
snabel-a	*@-Zeichen*
möb/el -eln -ler	*Möbel*
veck/a -an -or	*Woche*
bok -en böcker	*Buch*
teve -n	*Fernseher*
tidning -en -ar	*Zeitung*
lägenhet -en -er	*Wohnung*
besvärlig	*mühsam*
egen	*eigen(e/r)*
först	*zuerst*
hur länge	*wie lange*
i alla fall	*auf jeden Fall*
i morgon	*morgen*
sann	*wahr, richtig*

ABC DER KÖRPER

arm -en -ar	*Arm*
ben -et -	*Bein*
bröst -et -	*Brust*
hand -en händer	*Hand*
fot -en fötter	*Fuß*
mag/e -en -ar	*Bauch*
huvud -et -	*Kopf*
hals -en -ar	*Hals*

nack/e -en -ar	*Nacken*
knä -t -n	*Knie*
rygg -en -ar	*Rücken*
vårdcentral -en -er	*Ärztezentrum*
syst/er -ern -rar	*Schwester*
ör/a -at -on	*Ohr*
ög/a -at -on	*Auge*
pann/a -an -or	*Stirn*
mun -nen -nar	*Mund*
kind -en -er	*Wange*
näs/a -an -or	*Nase*
hak/a -an -or	*Kinn*
Krya på dig!	*Gute Besserung!*
fortfarande	*immernoch*
frisk	*gesund*
förkyld	*erkältet*
hit	*hierher*
illa	*schlecht*
meddetsamma	*sofort*
sjuk	*krank*
säkert	*sicher*
trött	*müde*

ABC GESUNDHEIT UND GEFÜHL

tid -en -er	*Zeit*
restaurang -en -er	*Restaurant*
innebandy -n	*Hallenbandy*
film -en -er	*Film*
musik -en	*Musik*
volym -en -er	*Lautstärke*
glas -et -	*Glas*
vin -et -er	*Wein*
bekant -en -er	*Bekannte(r)*
fotbollslag -et -	*Fußballmannschaft*
hals -en -ar	*Hals*
väd/er -ret	*Wetter*
rygg -en -ar	*Rücken*
ör/a -at -on	*Ohr*
bastu -n -r	*Sauna*
kaffe -t	*Kaffee*
halstablett -en -er	*Halstablette*
skid/a -an -or	*Ski*
gymnastiksko -n -r	*Sportschuhe*
trädgård -en -ar	*Garten*
arg	*wütend*
glad	*fröhlich, froh*
ledsen	*traurig*
rädd	*ängstlich*
trött	*müde*
sjuk	*krank*
frisk	*gesund*
kul	*lustig*
ny	*neu*
stressad	*gestresst*
dit	*dahin*
hit	*hierher*
efteråt	*danach*
fin	*schön*
gammal	*alt*
hem	*nach Hause*
hög	*laut*
klar	*klar*
ont	*Schmerz*
tyvärr	*leider*

Bildnachweis

Umschlaginnenseite: Bild auf dem Handydisplay: Maria Emitslös/imagebank.sweden.se; Hand: Thinkstock/ Nastco; **Seite 12:** 1.+ 2. Britta Anders; **Seite 15:** 1.- 4. Gesa Füßle, 5. istockphoto.com/ Jordan Chesbrough, 6. istockphoto.com/ Matt Ramos, 7. istockphoto.com/ Micah Weber, 8. Gesa Füßle; **Seite 18:** A. istockphoto.com, B. istockphoto.com/ Duncan Walker, C. istockphoto.com/ Lise Gagne; **Seite 21:** istockphoto.com/ Willem Dijkstra; **Seite 25,** links: Gesa Füßle, rechts: fotolia.de/ Olga Langerova; **Seite 30,** von links nach rechts, Reihe 1: istockphoto.com/ Arkadiy Yarmolenko, Britta Anders, PONS GmbH; Reihe 2: Juliane Aanen, istockphoto.com/ Gustaf Brundin, Britta Anders; **Seite 33:** Gesa Füßle; **Seite 37:** istockphoto.com/ Linda & Colin McKie; **Seite 43:** Gesa Füßle; **Seite 47:** istockphoto.com/ gillet luc; **Seite 48:** Henrik Gallon, Stockholm; **Seite 50:** Henrik Gallon, Stockholm; **Seite 52:** PONS GmbH; **Seite 58:** Britta Anders; **Seite 60:** pixelio.de/ www.kreuzfahrt-schiffsbilder.de; **Seite 67:** pixelio.de/ pcwinne; **Seite 69:** 1. istockphoto.com/ Bojan Tezak, 2. Julie Lam, 3. Britta Anders, 4. istockphoto.com/ Hazlan Abdul Hakim; **Seite 76:** Gesa Füßle; **Seite 83,** von links nach rechts: istockphoto.com/ Mehmet Dilsiz, istockphoto.com/ Sharon Dominick, Gesa Füßle; **Seite 87:** Britta Anders; **Seite 90:** 1. istockphoto.com, 2. istockphoto.com/ Sergey Kashkin, 3. istockphoto.com, 4. istockphoto.com/ Rene Mansi, 5. istockphoto.com/ Lisa F. Young, 6. istockphoto.com/ Tom De Bruyne, 7. istockphoto.com/ Tomaz Levstek, 8. istockphoto.com/ Oleksandr Gumerov; **Seite 98:** Gesa Füßle; **Seite 103:** Britta Anders; **Seite 105,** links: istockphoto.com, rechts: istockphoto.com/Diane Diederich; **Seite 107:** Gesa Füßle